40여 년 전 존 스토트가 인도하는 성경 강해 워크숍에 처음 참석하고, 그 후 런던에서 그의 설교를 듣고 개인적으로 교제하는 특권을 누린 사람으로서, 『존 스토트의 설교』 출간 소식에 흥분을 감출 수 없을 만큼 기쁘다. 이 책은 설교자들이 읽으면서 공부하고 평생 마음에 새겨야 할 필독서다. 특히 '왜 내가 전하는 설교를 듣고 사람들이 변화되지 않을까?' 고민하는 사역자들은 이 책을 읽고 큰 도전을 받을 것이다. 이 책을 통해 한국 교회 강단이 변화되기를 기대한다.

이승장 아름마을교회 담임목사, 성서한국 공동대표

설교를 맡은 사람들은 존 스토트가 이 책에서 전하는 설교에 대한 정직하고 모범적인 가르침을 경청하고 기억해야 한다. 모든 설교자에게는 각각 독특한 특징과 은사가 있겠지만, 설교의 기본 원칙과 훈련은 반드시 필요하다. 이 책이 강조하는 대로, 기교가 아니라 내용을 설교하는 것이 중요하다는 점을 기억하여 모든 설교자가 성실과 근면과 인내로 빚어지는 평범한 비범함을 누리기 바란다.

박영선 남포교회 원로목사

머리가 명석해지는 책이 있는가 하면, 가슴이 뜨거워지면서 눈물이 핑 도는 책이 있다. 설교학과 설교 사역을 위해서는 두 종류의 책이 모두 필요한데, 존 스토트의 이 책은 지성과 감성 모두를 자극한다. 설교 사역을 두 세계, 곧 타락한 인간 세계와 하나님의 신비한 말씀의 세계를 연결하는 다리 놓기로 규정한 스토트는 위대한 설교자이자 위대한 신학자였다. 그는 하늘나라에 갔지만 오랫동안 많은 설교자의 가슴을 불사른 이 책이 우리 시대에 맞게 새로운 편집을 거쳐 출간되어 진심으로 기쁘다. 모든 설교자에게 일독을 권한다.

김운용 장로회신학대학교 예배·설교학 교수

존 스토트 가까이에서 배운 제자의 손길을 거쳐 새롭게 단장한 『존 스토트의 설교』 출간 소식에 내 마음까지 설렌다. 오늘날 한국 교회 설교자들이 읽어야 할 가장 간결하고도 뛰어난 한 권의 책이 있다면, 단연 이 책이다. 설교자들의 교과서라 불리는 이 책은 변함없는 하나님의 말씀을 끊임없이 변하는 현실 세계에 가장 적실하게 드러내어, 청중의 삶에 거룩한 변화를 일으켜야 할 설교의 본질을 탁월하게 보여 준다. 본문 해석과 설교 작성, 설교자의 삶 전체를 망라하는 이 책은 강단의 변화를 통한 진정한 부흥을 기대하는 모든 신학도와 설교자를 위한 필독 네비게이션이다.

류응렬 와싱톤중앙장로교회 담임목사, 전 총신대학교 신학대학원 설교학 교수

설교자를 위한 성찰의 거울 같은 책이다. 출근하는 직장인이 거울을 보며 옷매무새를 가다듬듯, 설교자는 이 책을 읽으면서 설교자의 길과 자세를 점검할 수 있다. 특히 이 책은 전신거울처럼 면이 넓어서 설교 전반을 돌아보게 한다. 존 스토트는 설교의 신학적 기초에서 시작하여 설교 작성 원리, 설교자의 시간 관리와 독서법까지 어느 것 하나 소홀함 없이 두루두루 적절한 무게감으로 각 내용을 탄탄하게 다룬다. 설교 현장을 누구보다 잘 아는 전문가인 스토트의 조언은 매우 현실적이고, 그의 지적은 핑계하거나 피할 곳 없을 만큼 도전적이다. 실력과 인품 모두 존경할 수밖에 없는 엄한 선생님이자 멘토 앞에 서는 심정으로 모든 설교자가 이 책을 펼쳐 보기를 바란다.

채경락 고신대학교 신학과 교수

설교자라면 반드시 이 책을 읽어야 한다!

릭 워렌 『목적이 이끄는 삶』 저자

이미 고전이 된 작품을 더 향상시키기는 참 어려운 일이다. 그러나 그레그 샤프는 멘토에 대한 존경심을 품고서 원작의 참맛을 놓치지 않으면서도 새로운 세대의 설교자들을 위해 스토트의 글에 풍미와 매력을 더하여 더 큰 설득력을 갖도록 했다.

알리스터 베그 파크사이드교회 담임목사

나는 목회적 실천과 설교에 관한 지침을 이 책의 원작보다 더 잘 통합한 책을 본 적이 없다. 더욱이 고전의 반열에 오른 책의 예화나 적용이 다소 시대에 뒤떨어지는 것이 불가피한 상황에서 그레그 샤프는 전문가적 솜씨를 발휘하여 원작을 시대에 적실하게 잘 다듬어 주었다. 그로써 존 스토트의 지혜와 열정이 다음 세대의 성경적 설교자들에게 온전하게 전수되도록 돕는 탁월한 작품을 내놓았다. 새로운 제목과 내용으로 우리에게 찾아온 『존 스토트의 설교』를 마음 깊이 환영한다.

브라이언 채플 『그리스도 중심의 설교』 저자

존 스토트의 설교

IVP(InterVarsity Press)는
캠퍼스와 세상 속의 하나님 나라 운동을 지향하는
IVF(InterVarsity Christian Fellowship)의 출판부로
생각하는 그리스도인을 위한 문서 운동을 실천합니다.

Copyright © 2013 by John Stott and Greg Scharf
Originally published in English as *The Challenge of Preaching*
by Langham Preaching Resources, Cumbria, United Kingdom.
All rights reserved.

This Korean translation edition © 2016 by Korea InterVarsity Press,
156-10 Donggyo-Ro, Mapo-gu, Seoul, Republic of Korea.
This translation of *The Challenge of Preaching* is published by
arrangement with Langham Creative Projects.
License arranged through rMaeng2, Seoul, Republic of Korea.

이 한국어판의 저작권은 알맹2 에이전시를 통하여
Langham Preaching Resources와 독점 계약한 IVP에 있습니다.
신 저작권법에 의하여 한국 내에서 보호받는 저작물이므로
무단 전재와 무단 복제를 금합니다.

존 스토트의 설교

말씀과 현실을 연결하는
살아 있는 설교

존 스토트 | 그레그 샤프
박지우 옮김

Ivp

차례

랭햄 설교 자료	11
서문	15
머리말	19
감사의 말	23
1장 설교에 대한 도전	25
2장 설교의 신학적 토대	43
3장 다리를 놓는 설교	75
4장 연구로의 부르심	93
5장 설교 준비하기	113
6장 정직성과 진정성	153
7장 용기와 겸손	173
맺음말	199
부록 1 설교의 영광: 역사적 개관	203
부록 2 맥체인 성경 읽기표	222
주	227
읽을거리	235

랭햄 설교 자료

바울이 데살로니가인에게 쓴 글에 담긴 주목할 만한 한 문장에는 하나님 말씀의 역동적 영향력이 명료하게 진술되어 있습니다.

> 이러므로 우리가 하나님께 끊임없이 감사함은 너희가 우리에게 들은 바 하나님의 말씀을 받을 때에 사람의 말로 받지 아니하고 하나님의 말씀으로 받음이니 진실로 그러하도다 이 말씀이 또한 너희 믿는 자 가운데에서 역사하느니라. (살전 2:13)

바울의 요점은 분명합니다. 그가 전한 말은 사람의 말이 아니라 권위 있는 **하나님의** 말씀입니다. 그리고 이 말씀은 힘이 있어서 "믿는 자 가운데에서 역사"합니다. 이 말씀은 데살로니가 신자의 삶에 영향을 미쳤습니다. 그들이 말씀을 듣는 데서 그치지 않고 친구를 환대하듯 말씀을 받아들였기 때문입니다.

성경이 바로 하나님에게서 유래했기 때문에 성경 자체가 권위가 있다는 확신 가운데 설교를 준비해야 합니다. 모든 설교자는 하나님의 말씀이 힘이 있어서 그리스도인 공동체와 개인의 삶 속에서 하나님의 목적을 이루도록 역사한다는 것을 이해해야 합니다. 그리고 설교를 듣는 모든 이는 하나님의 말씀을 기꺼이 맞이해야 합니다. 말씀을 믿음으로 받고 그 말씀이 자신을 변화시키도록 해야 합니다. 하나님의 말씀은 데살로니가인들을 변화시켜서 그들은 "우상을 버리고 하나님께로 돌아와서 살아 계시고 참되신 하나님을 섬[겼습니다]"(살전 1:9하).

하나님의 말씀을 선포하는 일에 헌신한 설교자와 교사에게는 지원이 필요합니다. 바로 이 일을 위해 랭햄 파트너십은 랭햄 문서 사역, 랭햄 교육 사역, 랭햄 설교 사역 프로그램 들을 통해 전 세계 교회와 협력하고 있습니다. 랭햄 파트너십은 약 35년 전 존 스토트 박사가 설립하였으며, 성경의 권위, 성경에 대한 충실성, 시대에 대한 적실성, 명료한 말씀 선포의 중요성에 대한 확고한 신념에 토대를 두고 있습니다. 랭햄 파트너십은 **하나님은 그분의 교회가 자라길 원하시고, 하나님의 교회는 하나님의 말씀으로 자라며, 하나님의 말씀은 주로 효과적인 설교를 통해서 우리에게 전달된다**는 기본 신념에 기초해서 일합니다.

성경적 설교 사역은 강하고 능력 있는 교회가 자라는 토대입니다. 그래서 랭햄 설교 사역은 전 세계 지도자와 협력하여 목회자와 평신도 설교자를 위한 지역 중심의 설교 운동이 성장하도록 힘쓰고 있습니다. 우리는 교육 세미나를 개최하고, 설교자를 격려하며, 필요한 자원을 공급하고, 성경적 설교를 추구하는 전국적 운동을 일으키는 활동 등을 통해 설교자에게 실질적 도움을 제공합니다.

이제 우리는 이러한 도움에 '랭햄 설교 자료'(Langham Preaching Resources) 사역을 더하려 합니다. 랭햄 설교 자료는 목회자와 설교자, 특히 세계 전 지역에서 현재 일고 있는 설교 운동에 동참하는 이들이 활용할 수 있는 자료를 만듭니다. 이 자료는 다양한 언어로 번역되고 있습니다.

우리는 랭햄 설교 자료가 성경적 설교 사역을 섬기는 데 잘 사용되기를 기도합니다. 모든 자료는 하나님의 말씀을 열정적으로 받아들였던 데살로니가 신자에게 바울이 편지를 쓰며 드린 기도와 동일한 기도로 만들어지고 전달됩니다.

"너희는 우리를 위하여 기도하기를 주의 말씀이 너희 가운데서와 같이 퍼져 나가 영광스럽게 되고"(살후 3:1).

조너선 램
랭햄 설교 자료 디렉터

랭햄 사역 프로그램에 관한 더 자세한 정보는 랭햄 파트너십 홈페이지(www.langham.org)에서 얻을 수 있습니다.

서문

1950년, 청년 존 스토트는 런던 중심부에 위치한 올 소울즈 교회 관할 사제로 임명받습니다. 그곳에서 존 스토트가 사제로서 또한 교사로서 정기적으로 행한 성경 강해는 시간이 갈수록 영향력이 커졌고 그의 사역은 전 세계로 확장되었습니다. 말할 수 없는 역경 속에서도 급속히 성장한 아프리카와 아시아, 라틴아메리카 교회는 존 스토트를 그들의 친구이자 지칠 줄 모르는 후원자로 여겼습니다. 이들 대륙의 교회 지도자와 구성원들은 '엉클 존'에 대한 애정 어린 기억을 간직하고 있습니다.

존 스토트가 전 세계 교회 가족을 섬기려고 만든 다양한 프로그램은 랭햄 파트너십이라는 이름 아래 하나로 통합되었습니다. 랭햄 파트너십은 다음 세대 설교자와 교사를 준비시킴으로써 교회가 성숙에 이르기까지 자라도록 돕는 단체입니다. 랭햄 파트너십은 전 세계 모든 강단이 성경에 충실하고 시대에 적실한 강해에 헌신된 설교자로 채워지는 꿈을 꾼 존 스토트의 비전을 실현하고자 노력하고 있습니다.

존 스토트의 모든 설교와 저술은 세 가지 특징을 지닙니다. 하나님의 말씀인 성경에 대한 충실성, 우리가 사는 현대 세계에 대한 적실성, 표현의 놀라운 명료성이 그것입니다. 세 특징 모두가 이 책에서도 뚜렷이 드러납니다. 이 책은 존 스토트의 이전 저작인 『나는 설교를 믿습니다』(*I Believe in Preaching*, 『존 스토트 설교론』, 크리스천다이제스트)를 요약·수정한 것입니다. 세계 곳곳에서 랭햄 설교 운동에 동참하는 이들에게 더없이 귀중한 자료가 될 이 책을 만드느라 수고한 그레그 샤프(Greg Scharf) 박사에게 따뜻한 감사의 말을 전합니다.

이 책이 분명히 보여 주듯 설교는 단순히 기교의 문제가 아닙니다. 설교는 설교자의 신실함, 인격과 결코 따로 떼어 생각할 수 없습니다. 존 스토트의 경우, 전 세계 수많은 그리스도인이 자신의 삶과 교회 공동체에 존 스토트가 끼친 거룩한 영향과 깊은 격려를 증언합니다. 존 스토트의 전기 작가 티모시 더들리 스미스(Timothy Dudley-Smith)는 이렇게 말합니다.

그를 알고, 그를 만난 이들은 존경과 애정을 함께 표현한다. 사적 우정과 상대를 무장해제시키는 따뜻한 관심, 꾸밈없는 겸손, 장난기 어린 약간의 유머와 매력 속에서 그가 세계적 인물이라는 사실은 사라져 버린다.…그는 스스로를 단지 하늘 아버지의 사랑받는 아이로, 자신의 친구이자 주인인 예수 그리스도의 무익한 종으로, 하나님께 영광과 찬양을 돌리기 위해 은혜로 구원받은 죄인으로 생각한다(모든 그리스도인이 이렇게 생각해야 함에도 우리 대다수는 그러지 못한다).

교회를 이끌어 갈 전 세계의 다음 세대 목회자와 설교자들에게 『존 스토트의 설교』를 내놓게 되어 기쁩니다. 이 책을 읽는 모든 이가 격려를 받아 다리 놓는 일, 즉 성경에 충실하면서 또한 확신을 갖고 우리 세대에 적실한 성경 진리를 선포하는 일에 더욱 헌신하게 되기를 바랍니다.

2013년 5월 옥스퍼드에서
조너선 램
랭햄 설교 자료 디렉터

머리말

설교 사역은 20세기 후반 동안 쇠퇴했습니다. 지금은 조금이라도 회복되었을까요? 답하기 어려운 질문입니다. 장기적 관점에서 판단하기가 아직은 이르기 때문입니다. 현재로서는 상반되는 두 흐름이 등장했다고 말할 수 있습니다. 두 흐름 모두 긍정적·부정적 함의를 담고 있습니다.

첫째, 설교가 민주화되었습니다. 안수 여부와 관계없이 누구라도 설교할 수 있습니다. 이것을 전적으로 나쁘다고 할 수는 없습니다. 주님은 평신도 설교를 사용하여 그분의 교회를 세우실 수 있고, 우리도 모세가 그랬듯이 하나님의 모든 백성이 선지자가 되기를 바랄 수 있습니다(민 11:29). 그러나 안타깝게도 어떤 설교자들을 보면 설교 사역을 위한 그들의 유일한 자격이 진리와 경건에 대한 헌신이 아니라 대규모 군중과 헌금을 동원하는 능력에 있다고 생각하는 듯합니다. 이 흐름은 예수님의 이름으로 건강과 부를 약속하는 번영 신학을 옹호하는 이들 가운데서 가장 두드러지게 나타납니다. 이렇게 왜곡된 복음은 사회·경제적으로 앞날이 암담한 사람들에게 대단히 인기가 있습니다.

동시에 설교는 갈수록 엘리트화되고 있습니다. 재능 있는 설교자는 자신의 메시지를 방송할 수 있고, 설교가 여러 예배당에 영상으로 중계되는 예배를 인도할 수도 있습니다. 이들 설교자 다수는 정통적이고, 하나님 나라에 초점을 두며, 경건합니다. 이들이 미치는 선한 영향력도 상당합니다. 이들은 이전에 성경에 기초한 견실한 가르침을 받지 못했던 교인들에게 다가갈 수 있습니다. 하지만 이 설교자들과 청중의 거리는, 감독은 모범을 보여야 하고(딤전 3:1-4:16) 목자는 자기 양을 알아야 한다는(요 10:1-14) 성경의 요건을 충족시키기 어렵게 만듭니다. 규모가 큰 교회에서 이 요건을 만족시키는 일은 언제나 어렵습니다.

한 가지 더 미묘한 위험은 젊은 설교자들이 자신을 이 특출한 설교자들과 비교한 뒤 스스로 설교에 재능이 없다고 잘못 판단할 수도 있다는 점입니다. 초보 설교자가 자신의 은사를 개발하려고 노력하기보다 비범한 설교자를 피상적으로 모방하려 들 수 있습니다. 이들은 설교할 기회도 더 적을 것입니다. 회중이 수준 높은 설교에 익숙해져 가는 상황에서 교회 지도자는 경험 없는 설교자를 강단에 세우려 하지 않을 것이기 때문입니다.

이 책은 설교자에게 자신이 받은 소명의 중요성을 일깨우고, 시간을 들여 세심하게 기도로 설교를 준비하도록 권면하며, 하나님의 말씀을 선포하는 모든 충성된 설교자가 갖추어야 할 인격적 자질을 기억하도록 해 줍니다. 이 책을 다 읽을 즈음, 여러분의 마음도 뜨거워져서 존 스토트가 설교 전에 자주 드리던 기도를 여러분도 드리게 되길 바랍니다.

> 하늘 아버지, 당신의 임재 앞에 고개를 숙입니다.
> 당신의 말씀이 우리의 규범이 되기를
> 당신의 영이 우리의 스승이 되기를
> 당신의 위대한 영광이 우리의 지고한 관심이 되기를
> 우리 주 예수 그리스도의 이름으로 기도합니다.

감사의 말

존 스토트는 제 삶과 설교, 사역에 측량할 수 없는 영향을 주었습니다. 그 점에 깊이 감사드립니다. 저는 트리니티 복음주의 신학교에서 존 스토트에게 설교학을 한 학기 배웠는데, 이제는 제가 이 학교에서 학생들을 가르칩니다. 랭햄 플레이스의 올 소울즈 교회에서 제가 수련 목회자로, 또 사제로 있을 때 그분은 제 멘토이자 본보기가 되어 주셨습니다. 또한 스토트는 제 결혼식 때 주례 설교를 해 주셨습니다. 저는 그분이 인도하는 런던의 독서 모임에도 참석했습니다. 지금도 스토트는 제 친구이자, 제게 영감을 주시는 분입니다. 저는 현재 그분이 설립한 랭햄 파트너십 미국 지부 이사장이기도 합니다. 이렇듯 스토트에 대한 저의 고마운 마음은 그분이 이 책의 원전을 쓰신 것에 대한 감사를 훨씬 넘어섭니다.

그럼에도 저는 스토트가 이 책의 원전을 쓰신 데 특별한 감사를 표하지 않을 수 없습니다. 그분의 격려와 축복을 받으며 원전을 요약하고 수정하는 작업을 하는 동안 저는 그분이 제 설교에 미친 영향이 제 생각보다 훨씬 크다는 사실을 깨달았습니다. 많은 개념이 제 뼛속 깊이 새겨진 탓에 저는 그것들이 제 자신의 것인 줄 알았습니다!

원고를 훌륭하게 편집해 준 이소벨 스티븐슨(Isobel Stevenson)에게도 감사를 전합니다. 덕분에 원전에 필요한 수정 사항을 적절히 반영하면서도 스토트의 음성을 보존할 수 있었습니다. 복음주의 설교학회(Evangelical Homiletics Society)의 여러 존경받는 동료들이 해 준 조언이 제 생각을 다듬는 데 큰 도움이 되었습니다. 많은 기도 동역자, 그리고 제가 가장 아끼는 기도 동역자이자 격려자인 아내 루스의 기도에도 큰 빚을 졌습니다. 이분들에게, 그리고 이 일에 막중한 역할을 감당한 다른 많은 분에게 감사를 전합니다. 이 과업을 완수하기까지 제게 힘과 기회를 주신 하나님께 감사드리며, 그분께서 이 책을 그분의 영광을 위해 사용하시리라 신뢰합니다.

2011년 1월
트리니티 복음주의 신학교에서
그레그 샤프

1 설교에 대한 도전

설교는 기독교에서 없어서는 안 될 요소입니다. 기독교는 하나님이 인류에게 자신을 드러내기 위해 말씀을 사용하기로 선택하셨다는 진리에 기초해 있기 때문입니다. 우선 하나님은 그분의 선지자들을 통해 말씀하셨습니다. 이스라엘 역사에서 자신이 하신 일을 말씀으로 풀어 주시고, 하나님의 메시지를 그분의 백성에게 말과 글로 전하도록 선지자들에게 지시하셨습니다. 또한 하나님은 "말씀이 육신이 되[셨을]"(요 1:14) 때 그분의 아들 안에서 말씀하셨습니다. 아들의 입으로 직접 말씀하시기도 하고, 사도들을 통해서 말씀하시기도 했습니다. 마지막으로 하나님은 아들의 이름으로 말씀을 전하는(눅 24:47-49) 그분의 종들을 통하여, 그분의 영으로 말씀하십니다. 그러므로 하나님의 말씀은 성경에 기초하고, 성육신에 기초하며, 현재성을 지닙니다. 이것은 기독교의 근본 요소입니다.

하나님이 말씀하시므로 우리도 말하지 않을 수 없습니다. 우리는 우리가 들은 메시지를 다른 이들에게 전하도록 부름받았습니다. 우리는 하나님의 말씀을 전해야만 합니다. 다시 말해, 설교해야 합니다.

설교에 대한 강조는 기독교의 고유한 특징입니다. 모든 종교에 가르치는 이가 있고 이들에게 권위와 카리스마가 있지만 본질적으로 이들이 설명하는 것은 모두 고대의 전통과 윤리입니다. 오직 기독교의 설교자만이 자신을 하나님의 좋은 소식을 선포하는 전령이라고 주장하고, 감히 스스로를 "하나님의 말씀"을(벧전 4:11) 전하는 대사

혹은 대리인으로 여깁니다.

　설교의 중요성은 교회사 전체에 걸쳐 인정되어 왔습니다(부록 1을 보라). 그러나 어떤 이들은 설교의 시대는 끝났고, 설교는 이제 쓸모없는 소통 수단이며 사라져 버릴 기술이라고 말합니다. 이런 거짓말은 설교자를 의기소침하게 만들고, 설교자의 입을 다물게 합니다. 그러므로 설교에 대한 우리의 신념에 도전을 제기하는 이 시대의 세 흐름을 먼저 살펴보는 것이 좋겠습니다. 세 흐름은 모든 권위에 대한 일반적 적개심, 전자 혁명, 복음에 대한 자신감 상실을 가리킵니다.

권위에 대한 적개심

타락 이후 줄곧 인간은 "하나님과 원수"였고 "하나님의 법에 굴복하[지]"(롬 8:7) 않았습니다(굴복할 수도 없었습니다!). 인간의 상태에 관한 이 기본 사실은 그동안 수천 가지 추악한 모습으로 그 실재를 드러냈습니다. 그런데 오늘날 특히 이런 태도가 두드러져서, 일반적으로 인정되어 온 모든 권위(가족, 학교, 대학, 국가, 교회, 교황, 성경, 하나님)가 전 세계적으로 도전받고 있습니다. 이 중에는 정당한 반항도 있습니다. 정치, 산업, 교육, 종교, 기타 사회 영역의 권위주의와 비인간화에 성숙한 자세로 책임 있게 대항하는 것은 정당합니다. 그러나 그리스도인은 참 권위와 거짓 권위를 신중하게 분별해야 합니다. 즉, 인류를 짓누르는 압제와 인간이 누려야 할 참 자유를 찾게 해 주는 온당하고 자애로운 권위를 구별해야 합니다.

인류가 제도로부터 더 많은 자유를 획득하면서 적개심의 표적은 권위에서 사상으로 옮겨졌습니다. 도전을 받지 않은 사상이 없습니다. 그 결과, 모든 사람은 자기만의 견해를 가질 권리가 있고, 그 견해에 대해 설교자는 말할 것도 없고 그 누구도 이의를 제기할 수 없다고 여겨집니다. 심지어 어떤 이들은 설교를 청자에 대한 폭력 행위라고까지 말합니다. 이들은 하나님을 대변한다며 타인 앞에 서는 설교자들의 권리를 문제 삼습니다.

이런 적대적 태도 때문에 설교자는 회중을, 먹여야 할 양 떼가 아니라 고객으로 보아야 하며, 그들의 영적 문제를 해결하도록 돕는 데 설교를 이용해야 한다고 주장하는 이들도 있습니다.[1] 이러한 소비자 중심의 설교가 북미 강단을 지배했고, 전 세계로 수출되었습니다. 이제는 강단에서 이야기할 주제를 회중석에서 정해 줍니다. 설교는 대개 성경 또는 다른 자료가 해결책을 제공해 줄 문제를 이야기하는 것으로 시작됩니다. 물론 청중을 분석하는 일(듣는 이가 누구인지 아는 것)은 매우 중요하지만, 주의 깊게 성경을 연구하는 일을 때때로 대체해 버립니다.

설교 주제를 청중이 좌우하도록 두는 경향은 우리 사회에 만연한 '객관적 진리는 없으며 모든 것은 주관적이다'라는 견해로 더욱 심해졌습니다. 나의 공감을 자아낼 때만 어떤 주장이 참이 됩니다. 이것은 그 구절과 공명하는 자신의 이야기를 갖고 있는 개인에게 최종 판단이 달려 있다는 의미입니다. 들은 내용이 개인 또는 공동체의 경험에 들어맞지 않으면 거부됩니다. 이런 태도는 성경 본문의 권위를 약화시킵니다. 최종 권위는 성경이 아니라 성경을 읽거나 듣는 이에게 있습니다. 그러니 성경적 설교에 굴복하기를 거부하는 청중이 그토록 많은 것도 놀랄 일이 아닙니다! 이들은 설교가 선포되는 이유가 바로 자신이며 개인적 또는 공동체적 경험이 성경과 성경의 주장보다 우선한다고 믿게 되었습니다.

안타깝게도 설교자들은 종종 성경을 낮추고 청중을 높이는 설교와 예배를 기획함으로써 이러한 생각을 심화시킵니다. 비록 1950년에 쓰였지만 크랜필드(Cranfield)의 글은 지금도 유효합니다.

회중석에는 더 짧고 가벼운 설교, 밝고 편안한 예배를 요구하는 이들이 가득하고, 강단에는 군중의 취향에 영합할 준비가 된 이들이 적지 않은 것이 현대 교회 생활의 안타까운 특징이다. 악순환이 계속된다. 깊이 없는 회중이 깊이 없는 목회자를, 그리고 깊이 없는 목회자가 깊이 없는 회중을 양산한다.[2]

우리도 자포자기하고 이런 흐름을 따라 설교해야 할까요? 아니면 교조적으로 우리의 신념과 주장을 반복해서 더 크게 외쳐야 할까요? 두 방법 모두 효과적이지 않습니다. 그렇다면 어떻게 대응해야 할까요?

첫째, **인간 본성**에 대한 기독교의 이해를 기억해야 합니다. 하나님은 우리를 도덕적 책임과 자유를 지닌 존재로 창조하셨습니다. 따라서 우리는 책임을 부정하는 방종도, 자유를 부정하는 굴종도 받아들일 수 없습니다. 인간의 지성은 진리의 권위 아래에서만, 인간의 의지는 정의의 권위 아래에서만 자유롭습니다.

둘째, **계시 교리**를 기억해야 합니다. 우리가 믿는 것은 우리가 고안해 낸 것이 아닙니다. 그것은 하나님이 계시해 주신 것입니다. 그러므로 우리는 자신감을 가지고 차분하게 복음을 하나님이 주신 좋은 소식으로 선포할 수 있습니다.

셋째, 설교의 **권위**는 우리가 설교자로 임명받은 사실에서 비롯하거나 우리를 임명한 교회가 준 것이 아니라 하나님의 말씀에서 온다는 점을 기억해야 합니다. 이 점을 분명히 하면 사람들은 기꺼이 듣고자 할 것입니다. 설교자 스스로 성경의 권위 아래 살고자 소망할 때 더욱 그리할 것입니다. 이를 위한 한 가지 방법은 설교를 시작할 때 '주께서 말씀하시기를'이라는 말을 하지 않는 것입니다. 우리에게는 영감을 받은 구약 선지자들의 권위가 없습니다. 마치 우리에게 예수 그리스도나 그분의 제자들의 권위가 있는 것처럼 '나는 너희에게 이르노니'(마 5:22, 28, 32 등)라는 문구를 사용하는 것도 삼가야 합니다. 그 대신 '우리가'와 '우리에게'라는 단어를 사용함으로써 다른 이들에게 하는 모든 설교는 설교자 자신에게도 해당한다는 점을 인식시켜야 합니다. 권위와 겸손은 상호배타적 요소가 아닙니다.

넷째, **복음의 적실성**을 기억해야 합니다. 복음이 온당하고 적실함을 보여 주는 방식으로 제시될 때 복음은 그 자체로 권위를 지니고 스스로를 증명합니다.

다섯째, 참된 설교는 **독백이 아님**을 기억해야 합니다. 참된 설교는 언제나 대화입니다. 그렇다고 해서 설교에 두 설교자 간의 토론이나 청중의 떠들썩한 반응이 있어야 한다는 뜻은 아닙니다(설령 이런 것들이 설교 시간을 흥미진진하게 만든다 해도 말입니다!). 참된 설교에서는 오히려 설교자와 청중 사이에 고요한 대화가 오고 갑니다. 설교자는 먼저 청중의 마음에 질문을 불러일으키고, 이어 그 질문에 답해 주어야 합니다. 이 답변은 다음 질문을 불러일으키고, 다시 이 질문에 대한 답변이 주어져야 합니다.

설교자가 갖춰야 할 매우 중요한 자질 중 하나는 청중의 특징과 문제를 예민하게 파악하고 그들이 설교에 어떻게 반응할지 예상하는 능력입니다. 설교자는 악과 고통에 대한 이해를 드러내지 않은 채 "하나님을 사랑하는 자…에게는 모든 것이 합력하여 선을 이루

[계]"(롬 8:28) 하시는 하나님의 섭리에 대해 설교해서는 안 됩니다. 회중 가운데 독신자가 있다는 사실을 잊고서 결혼에 대해 설교하거나, 누군가 겪고 있을 슬픔과 비극을 인식하지 못한 채 그리스도인의 기쁨을 설교해서도 안 됩니다. 여전히 응답되지 않고 있는 기도들을 망각하고서 기도에 응답하시겠다는 그리스도의 약속을 강해해서는 안 되고, 염려할 이유가 충분한 현실을 외면한 채 염려하지 말라는 그분의 명령을 설교해서도 안 됩니다. 사람들의 반론을 예상하는 것은 군대가 역습에 대비해 측면을 엄호하는 것과 같습니다.

화자와 청자 간의 이러한 대화는 성경에 자주 등장합니다(예. 말 1:12; 2:17; 3:8). 예수님도 이런 대화를 하셨고(눅 10:36; 요 13:12) 바울도 마찬가지입니다(롬 3:1-6). 이러한 예는 마르틴 루터(Martin Luther)나 빌리 그레이엄(Billy Graham) 같은 이들의 설교에서도 찾을 수 있습니다. 우리에게 필요한 능력은 이것입니다.

> 공산주의의 기법인 '이중사고'(double-think)를 넘어서 기독교의 '사중사고'(quadruple-think)를 하는 것이다. '사중사고'란 내가 할 말을 신중히 생각하고, 나의 말을 상대방이 어떻게 이해할지 생각한 다음, 내가 할 말을 다시 생각함으로써, 실제로 내가 말하는 순간에 상대방도 내가 생각하는 것을 생각하게끔 하는 것이다!…'사중사고'를 하기 위해서는 정신적 노고와 높은 영적 감수성이 필요하다.[3]

고생스럽기는 하지만 이런 식의 접근은 권위적인 설교가 야기할 수 있는 불쾌감을 줄여 줍니다.

전자 혁명

지난 50년간 의사소통 방법은 급격히 변화했습니다. 이 변화는 교회에 심대한 영향을 주었을 뿐 아니라 전 세계에서 감지되었고, 심지어 아직 전자 매체가 깊이 파고들지 않은 지역에서도 나타났습니다.

일련의 변화가 설교를 듣는 청중에게 영향을 주었습니다. 전자 시대가 되면서 사람들은 **육체적으로 나태**해졌습니다. 이들은 텔레비전이나 인터넷으로 집에서 예배할 수 있는데 왜 교회까지 가야 하느냐고 묻습니다. **지적으로는 무비판적**으로 변했습니다. 그래서 누군가로부터 생각하라는 소리를 듣기보다는 그들이 즐겁게 해 주기만을 바랍니다. 또한 **정서적으로는 무감각**해졌습니다. 전쟁과 기근, 빈곤의 참상을 목격하지만 자신의 감정을 방어하는 데 능숙해져서 타인의 고통과 자기 사이에 거리를 둡니다. **심리적으로는 혼란**을 겪습니다. 가상공간에 정교하게 세워진 비현실의 세계에서, 하나님의 말씀을 듣고 하나님을 예배하는 현실 세계로 돌아오는 것을 어려워합니다. 끝으로 **도덕적으로 무질서**해졌습니다. 우리는 화면에 속아서 거기에 등장하는 행동을 용인할 수 있고, '누구나 하는 행동'이라고 생각하게 되었습니다.

전자 시대는 설교자들에게도 영향을 주었습니다. 위성 기술 덕분에 설교자들은 설교를 전 세계로 방송할 수 있게 되었는데, 이런 방송 설교는 모든 설교자가 힘써 추구해야 할 이상을 제시한다고 너무나 쉽게 받아들여집니다. 설교자들은 유명 설교자의 설교 스타일과 기법이 자신의 개성과 상황, 은사와 어울리는지 생각해 보지 않고 그들을 모방하려 들 수도 있습니다. 아니면 인터넷에서 내려받은 설교문을 그대로 읽거나 유명 설교자의 설교를 화면에 띄워 회중이 시청하게 할 수도 있습니다. 그러나 이러한 설교 방법은 설교자와 회중 사이에 존재해야 할 소통을 단절시킬 수 있습니다. 다른 곳에서 전송되는 설교는 지금 이곳의 청중을 향한 것이 아닙니다. 설교자는 청중을 볼 수 없고, 청중의 반응을 관찰하거나 그것에 대응할 수도 없기 때문입니다.

설교의 중요성에 대한 우리의 신념은 텔레비전이 제공하는 시각 정보에 흔들릴 수도 있습니다. 서구에서 대중 연설은 더 이상 연사가 연설대나 강단에서 군중에게 말하는 식으로 이루어지지 않습니다. 이제 우리는 텔레비전 스튜디오를 거니는 토크쇼 진행자나 책상에 앉은 뉴스 아나운서를 바라봅니다. 이들도 우리를 보고 있는 것 같지만 실제로는 프롬프터를 읽고 있습니다. 화면에는 아나운서의 모습과 그가 보도 중인 사건을 설명하는 영상이 번갈아 나옵니다.

우리는 뉴스에서 짤막한 핵심 발언들을 듣는데, 이 문장들은 인상적일 수는 있지만 그만큼 피상적입니다. 이에 비하면 설교는 시대에 한참 뒤떨어진 소통 수단처럼 느껴지기도 합니다.

첨단 기술을 사용할 기회가 없는 설교자들은 이런 도구가 없으면 설교를 제대로 할 수 없다고 생각하고 낙담할 수도 있습니다. 외부에서 방문한 설교자가 노트북과 파워포인트와 같은 프레젠테이션 프로그램을 사용하면 미처 생각지 못한 사이에 그렇게 설교하는 것이 표준 방식인 양 받아들이기도 합니다. 뜻하지 않게도 외딴 지역에 사는 가난한 목회자는 '효과적인 설교를 하려면 전자 기기가 필요하다'라는 잘못된 메시지를 받습니다.

이처럼 급격한 기술 진보에 우리는 어떻게 대응해야 할까요?

첫째, 우리의 왕이신 창조주께서 그분의 말씀을 모든 나라에 전할 수 있는 도구를 만드는 능력을 주신 것에 감사해야 합니다. 초대교회 당시 박해를 받던 신자들이 흩어져 "두루 다니며 복음의 말씀을 전할" 때(행 8:1-4) 하나님의 말씀이 퍼져나갔습니다. 이제는 라디오와 텔레비전, 인터넷을 활용하여 다른 방법으로는 쉽게 다가갈 수 없는 지역에 복음을 전할 수 있습니다.

둘째, 주어진 도구를 분별하여 지혜롭게 사용하도록 기도해야 합니다. 도구가 존재한다고 해서 반드시 그것을 사용해야 하는 것은 아닙니다. 바울이 디모데에게 한 말은 우리 가운데 기술이 부한 자들에게도 적용됩니다.

> 네가 이 세대에서 부한 자들을 명하여 마음을 높이지 말고 정함이 없는 재물에 소망을 두지 말고 오직 우리에게 모든 것을 후히 주사 누리게 하시는 하나님께 두며, 선을 행하고 선한 사업을 많이 하고 나누어 주기를 좋아하며 너그러운 자가 되게 하라. 이것이 장래에 자기를 위하여 좋은 터를 쌓아 참된 생명을 취하는 것이니라. (딤전 6:17-19)

우리는 컴퓨터나 프로젝터, 확성기가 아니라 하나님을 신뢰해야 합니다(모든 도구는 고장 날 수도 있고, 유혹으로 이끌 수도 있습니다). 기술을 주신 하나님께 감사해야 하지만 기술에 의존해서는 안 됩니다. 우리는 하나님께 참된 보화와 생명을 구하면서 우리가 가진 도구와 배운 것을 나누어 주기 좋아해야 합니다.

셋째, 설교의 보조 도구로 기술을 이용할 때 성경이 가르치는 바를 거스르거나 약화하지 않도록 주의해야 합니다. 이를테면 하나님의 말씀을 들은 후에는 언제나 그 말씀에 주의를 기울여야 합니다. 이러한 순종은 하나님을 아는 지식이 자라날 기회를 줍니다(골 1:10). 그러므로 도구를 사용하여 성경의 개념을 단지 이해하기 쉽게 하는 데 그치면 안 됩니다. 도구의 사용은 우리를 믿음으로 이끌고, 그 믿음은 순종으로 이어져야 합니다(롬 1:5; 16:26).

하나님이 친히 가장 좋은 시각 교재를 공급하십니다. 하나님은 목회자가 성도들의 시각 교재가 되길 원하십니다(딛 2:7; 딤전 4:12). 하나님은 성도들이 그들을 지켜보는 세상, 온 우주를 위한 시각 교재가 되길 원하십니다(마 5:16; 엡 3:10-11). 화면에 띄운 가상 이미지들은 진짜 사람과 사랑의 공동체를 결코 대체하지 못합니다. 인간성을 잃은 사회에서 지역 교회의 친교는 갈수록 중요해집니다. 교회 구성원들은 직접 만나 대화를 나누고 서로에게 귀 기울입니다. 변화를 일으키는 최고의 배움(하나님에 대한 믿음과 순종이 자라게 하는 배움)은 공동체 안에서 일어납니다.

하나님의 얼굴을 개인적으로 구하는 것이 귀하기는 하지만(고후 4:6), 홀로 고립된 신자는 큰 그림을 보지 못할 수 있습니다. 우리는 그리스도의 몸에 속한 다른 지체가 하는 말을 들어야 합니다. 바울은 교회를 위한 기도에서 이러한 공동체적 차원을 강조합니다.

이러므로 내가 하늘과 땅에 있는 각 족속에게 이름을 주신 아버지 앞에 무릎을 꿇고 비노니, 그의 영광의 풍성함을 따라 그의 성령으로 말미암아 너희 속사람을 능력으로 강건하게 하시오며 믿음으로 말미암아 그리스도께서 너희 마음에 계시게 하시옵고, 너희가 사랑 가운데서 뿌리가 박히고 터가 굳어져서 능히 모든 성도와 함께 지식에 넘치는 그리스도의 사랑을 알고 그 너비와 길이와 높이와 깊이가 어떠함을 깨달아 하나님의 모든 충

만하신 것으로 너희에게 충만하게 하시기를 구하노라. (엡 3:14-19)

마지막으로, 설교와 예배가 분리될 수 없음을 기억해야 합니다. 오늘날 설교와 예배가 자주 분리된다는 사실은 상당수 현대 예배의 수준이 낮은 이유를 설명해 줍니다. 모든 예배는 하나님의 계시에 대한 지성과 사랑이 담긴 반응입니다. 우리의 예배가 빈곤한 이유는 하나님에 대한 우리의 지식이 빈곤하기 때문이고, 지식이 빈곤한 이유는 우리의 설교가 빈곤하기 때문입니다. 그러나 하나님의 말씀이 온전히 풍성하게 선포되어 살아 계신 하나님의 영광을 회중이 잠시라도 보게 되면, 그들은 깊은 경외 속에 엎드립니다. 설교가 이것을 가능하게 합니다. 그렇기에 설교는 고유한 사역이요, 대체할 수 없는 사역입니다.

그러나 설교가 단조롭고 따분하며 느릿느릿하고 생기와 매력이 없다면 설교자는 오늘날 이 세계의 다른 많은 것과 경쟁할 수 없습니다. 우리는 풍성하고 다채로운 예화와 유머, 역동적인 전개를 통해 진리를 매력적으로 제시해야만 합니다.

복음에 대한 교회의 자신감 상실

설교는 전령 또는 포고관으로서 공적으로 메시지를 선포하는 것입니다. 설교를 한다는 것은 말할 것이 있다는 점을 전제합니다. 자신감이 담긴 분명한 메시지가 없으면 설교는 불가능합니다. 그런데 오늘날의 교회에 바로 이것이 결여되어 있는 듯합니다.

복음에 대한 확신이 먼저 회복되지 않고서 설교가 회복될 가능성은 없습니다. 우리는 복음의 진리, 적실성, 능력에 대한 확신을 회복하고 바울과 더불어 이렇게 말할 수 있어야 합니다.

> 나는 할 수 있는 대로…너희에게도 복음 전하기를 원하노라. 내가 복음을 부끄러워하지 아니하노니 이 복음은 모든 믿는 자에게 구원을 주시는 하나님의 능력이 됨이라. 먼저는 유대인에게요 그리고 헬라인에게로다.
> (롬 1:15-16)

우리는 이러한 감격을 되찾아야 합니다. 복음은 하나님에게서 온 기쁜 소식입니다!

복음에 대한 자신감을 회복하려면 첫째로 확신과 추정과 맹신을 구별할 수 있어야 합니다. 확신은 충분한 증거나 논증을 통해 어떤 것이 참이라는 온전한 신념에 이르는 것을 말합니다. 추정은 어떤 것을 너무 이르게 참이라고 판정하는 것으로서, 불충분한 또는 검증되지 않은 토대 위에 있는 신념입니다. 맹신은 맹목적이고 완고한 신념을 말합니다. 맹신자는 자료에는 눈을 감아 버리고 조사와 검증을 거치지 않은 견해에 집착합니다. 추정과 맹신은 진리에 대한 진지한 관심이나 진리의 하나님을 경배하는 것과 양립하지 못합니다.

그리스도인의 확신은 일정 부분 합리성에 근거합니다. 기독교는 훌륭한 역사적 증거, 즉 신약성경 저자들의 증언에 기초하고 있습니다. 성경 곳곳에 '알다' '믿다' '설득되다'라는 동사가 빈번히 나오는데, 믿음과 확신은 그리스도인의 경험에서 당연한 것으로 여겨집니다. 사도들과 복음서 저자들은 독자들에게 자신이 글을 쓰는 목적은 그들이 "알게 하려" 또는 "믿게 하려" 함이라고 자주 이야기합니다(눅 1:1-4; 요 20:31; 요일 5:13). 기도로 하나님께 나아갈 때, 또 세상에 그리스도를 선포할 때 우리는 "온전한 믿음"과 "확신"을 지녀야 합니다(히 10:22; 살전 1:5). 그리스도인도 질문을 던지고, 문제를 탐구하고, 무지를 인정하고, 당혹감을 느낍니다. 그러나 이 모든 일은 하나님과 그리스도의 실재에 대한 심오한 믿음이 자라는 과정에서 일어납니다.

둘째로 우리의 믿음에 관해 다른 이들이 제기하는 질문들이 진지하고 중요하다는 사실을 인식해야 합니다. 우리는 이 질문들을 경솔히 무시할 것이 아니라 신중히 마주해야 하며, 그에 대한 답변을 제시해야 합니다. 질문에 대한 답을 놓고 논쟁할 수는 있어도, 질문 자체를 문제 삼을 수는 없습니다.

셋째로 어려운 질문들에 대한 답변을 찾는 그리스도인 학자들을 격려해야 합니다. 이 작업은 고독할 수 있습니다. 이들이 열린 자세로 새로운 사고를 대하고 그리스도에 대한 헌신을 유지하려 할 때 생기는 긴장과 씨름하려면 우리의 기도와 지지가 필요합니다. 우리는 그리스도인 학자들이 그리스도의 몸 안에서 서로에 대해 지니는 일정한 의무와 책임을 받아들이도록 장려해야 합니다.

끝으로 우리는 더 간절한 소망을 가지고 끈기 있게 기도하면서 진리의 성령께 은혜를 구해야 합니다. 그리스도인은 성령의 깨우침 없이 진리를 이해할 수 없고, 성령의 증언 없이 진리를 확신하지 못합니다. 정직한 탐구와 공동체의 격려도 대단히 중요하지만, 궁극적으로 하나님을 믿게 하시는 분은 오직 하나님이십니다. 종교개혁자들이 거듭 주장하듯 우리에게 가장 필요한 것은 성령의 증언입니다. 그리스도인은 살아 계신 하나님이 역사의 주인이시라고 믿습니다. 우리는 불신앙의 세력을 물리쳐 달라고 그분께 요청해야 하며, 전 세계에서 그분이 이미 행하고 계신 일에 감사해야 합니다.

지금까지 오늘날 설교가 직면한 세 가지 도전을 살펴보았습니다. 권위에 대한 불신으로 사람들은 들으려 하지 않습니다. 전자 기술의 발전은 청중과 설교자의 기대 전부를 바꾸어 놓았습니다. 진리를 의심하는 분위기 속에서 많은 설교자가 자신감을 크게 잃었습니다. 하지만 지금은 공격이 최선의 방어라는 사실을 기억해야 할 때입니다.

2
설교의 신학적 토대

설교의 비결은 어떤 기술을 온전히 익히는가가 아니라 어떤 확신에 온전히 지배되는가에 달려 있습니다. 다시 말해, 신학이 방법론보다 중요합니다. 설교 원리를 배우고 설교 기술을 익혀야 하는 것은 분명하지만, 자칫하면 이런 것을 지나치게 신뢰하기 쉽습니다. 설교 기술은 기껏해야 우리를 웅변가로 만들어 줄 뿐입니다. 설교자가 되고 싶다면 신학이 필요합니다. 올바른 신학이 있다면 자신이 무엇을 해야 하는지 아는 데 필요한 모든 기본적 통찰을 소유한 것이고, 그 일을 성실히 행하도록 자신을 북돋아 줄 모든 동기도 소유한 것입니다.

참된 기독교 설교(즉, 성경적 설교 또는 강해 설교)는 오늘날 교회에서 대단히 희귀합니다. 여러 나라의 사려 깊은 그리스도인들이 참된 설교를 찾지만 만나지 못합니다. 왜 그렇습니까? 가장 큰 이유는 참된 설교의 중요성에 대한 확신이 없기 때문입니다. 그러므로 이번 장에서 저는 독자 여러분에게 주의 깊은 성경적 설교가 하나님의 영광과 교회의 유익에 꼭 필요하다는 확신을 주고자 합니다.

성경적 설교의 중요성을 뒷받침해 주는 다섯 가지 신학적 확신을 고찰해 봅시다. 이 중 어느 것을 듣더라도 우리는 틀림없이 설복될 것이며, 다섯 가지를 모두 듣고 나면 평계하지 못할 것입니다.

하나님에 대한 확신

우리가 어떤 하나님을 믿는가가 우리가 어떤 설교를 할 것인가를 결정합니다. 하나님의 세 가지 속성이 이와 특히 관련이 있습니다.

첫째, **하나님은 빛이십니다**. "우리가 그에게서 듣고 너희에게 전하는 소식은 이것이니, 곧 하나님은 빛이시라. 그에게는 어둠이 조금도 없으시다는 것이니라"(요일 1:5). 요한의 글에서 "빛"은 흔히 진리를 나타냅니다. 예수님이 자신을 "세상의 빛"이라고 주장하신 장면에서도 마찬가지입니다(요 8:12). 하나님은 숨지 않으십니다. 하나님은 자신을 알리기를 기뻐하십니다. 밝게 비추는 것이 빛의 속성이듯 자신을 드러내시는 것이 하나님의 속성입니다. 사람들이 하나님을 알지 못하는 주된 이유는 하나님이 그들을 피해 숨으시기 때문이 아니라 그들이 하나님을 피해 숨기 때문입니다. 모든 설교자는 하나님은 빛이시며 당신의 빛으로 듣는 이의 어둠을 밝히기를 열망하신다는 사실에 격려를 얻어야 합니다(고후 4:4-6).

둘째, **하나님은 행동하셨고** 그 행동으로 자신을 드러내셨습니다. 하나님은 그분의 능력과 신성을 만물에 보이셨고, 하늘과 땅이 그분의 영광을 나타냅니다(시 19:1; 사 6:3; 롬 1:19-20). 그러나 하나님은 구속을 통해서 자신을 더욱 많이 드러내셨습니다. 인류가 하나님을 반역했을 때 그분은 우리를 파멸시키는 대신 구출 작전을 세우셨습니다.

하나님은 아브라함을 우르에서, 이스라엘 노예들을 이집트에서 이끌어 내시고, 유대인들을 바벨론 유배지에서 본국으로 귀환하게 하셨습니다. 이와 같은 위대한 해방의 행동은 야훼께서 이스라엘을 자기 백성으로 삼으시고 당신이 그들의 하나님이 되리라고 맹세하신 언약의 제정 또는 갱신으로 각각 이어졌습니다. 신약성경은 또 다른 구속과 "더 좋은" "더욱 영광이 있[는]" "영원한"(히 7:22; 8:6; 9:14-23; 13:20; 고후 3:4-11)으로 묘사된 새 언약에 초점을 맞춥니다. 이 일은 가장 강력한 하나님의 행위, 즉 그분의 아들 예수 그리스도의 탄생과 죽음과 부활을 통해 일어났습니다. 따라서 성경의 하나님은 억압받는 인류를 구출하러 오셔서 그분의 은혜 혹은 관대함을 드러내신 해방의 하나님이십니다.

셋째, **하나님은 말씀하셨습니다.** 하나님은 실제로 말씀하심으로써 그분의 백성과 소통하셨습니다. 구약 선지자들은 "여호와의 말씀"이 그들에게 임했다고 자주 기술합니다. "입이 있어도 말하지 못하[는]"(시 115:5) 우상들과 달리 살아 계신 하나님은 그분의 백성에게 말씀하셨습니다(사 40:5; 55:11). 그분이 하는 일을 설명하시기 위해서였습니다. 하나님은 아브라함을 우르에서 이끌어 내신 후 그분의 목적을 말씀하셨고 약속의 언약을 맺으셨습니다. 하나님은 이스라엘 민족을 이집트 노예살이에서 구출하시고, 모세로 하여금 그들에게 자신이 그렇게 하신 이유를 가르치도록 하셨습니다. 하나님은 그분의 백성을 바벨론 유배 생활에서 벗어나게 하시고 그분의 선지자들을 사용하셔서 그들에게 왜 그분의 심판이 내렸는지, 어떤 조건에서 그들을 회복시킬 것인지, 그들이 어떤 백성이 되길 원하는지 설명하셨습니다. 하나님은 그분의 아들을 보내 사람이 되게 하셨고, 땅에서 살고 섬기게 하셨으며, 죽고 되살아나 다스리게 하시고, 성령을 부어 주도록 하셨습니다. 그리고 사도들을 택하여 그분이 하는 일을 보고, 그분이 하는 말씀을 들으며, 보고 들은 것을 증언하도록 준비시키셨습니다.

하나님이 역사 속에서 행동하신다는 것은 강조하면서 그분이 말씀하신다는 것은 부정하는 사람들이 있습니다. 이들은 하나님이 행동으로는 자신을 계시하지만, 말씀으로는 하지 않으신다고 주장합니다. 이들은 구속이 유일한 계시라고 주장합니다. 그러나 이는 사실이 아닙니다. 성경은 하나님이 역사적 행동과 이 행동을 설명하는 말씀 모두를 통해서 말씀하심을, 그리고 이 둘이 늘 함께함을 확언합니다. 하나님의 자기 계시의 절정, 즉 말씀이 육신이 된 사건도 그리스도가 말씀하지 않았거나 또 그분의 사도들이 이 말씀을 기록하고 해석하지 않았더라면 지금까지 이해할 수 없는 사건으로 남았을 것입니다.

이것은 모든 기독교 설교의 토대입니다. 하나님이 말씀하지 않으셨다면 우리가 어떻게 감히 말하겠습니까? 우리 자신에게는 할 말이 없습니다. 하나님의 메시지를 전한다는 확신 없이 말하는 것은 오만하고 어리석은 일입니다. 그러나 하나님이 빛이시고 자신을 알리기 원하신다는 것, 하나님이 자신을 알리려고 행동하신 것, 하나님이 말씀으로 자기 행동을 설명하신 것을 확신한다면 우리는 말하지 않을 수 없습니다. 확신하지 못한다면 입을 다물고 있는 편이 낫습니다. 그러나 하나님이 말씀하셨음을 깨달은 후에는 침묵할 수 없고 침묵해서도 안 됩니다.

성경에 대한 확신

하나님에 대한 이해는 성경에 대한 우리의 신념에 자연스럽게 영향을 줍니다. 그도 그럴 것이 **성경은 기록된 하나님의 말씀**이기 때문입니다. 하나님이 자신을 이스라엘 안에서 드러내시고, 또 예수 그리스도 안에서 특별히 계시하신 것이 오래도록 잊혔더라면 무슨 의미가 있었겠습니까? 그래서 하나님은 모든 지역, 모든 연령의 사람들을 위하여 그분의 행동과 말씀에 대한 신뢰할 수 있는 기록이 보존되도록 준비하셨습니다. 예수님의 행적과 말씀 그리고 우리 사이에 2천 년이라는 시간이 있지만 우리는 여전히 성경을 통해 그분을 알고 만날 수 있습니다. 성령이 성경 속에서 그분에 대해 증언하시기 때문입니다. 오직 성경 안에서만 우리는 예수님의 출생과 삶, 말씀과 행적, 죽음과 부활에 대한 모든 사실과 이에 대한 하나님 자신의 권위 있는 설명을 찾을 수 있습니다. 성경, 오직 성경에서만 그분의 구속 행위에 대한 하나님 자신의 해석을 발견할 수 있습니다.

　이것이 설교와 무슨 관계가 있습니까? 설교자의 주된 사명은 예수님에 대한 우리 나름의 21세기 증거를 제시하는 것이 아닙니다. 설교자의 사명은 사도들의 목격담을 통하여 주어진 그리스도에 대한 하나님 자신의 권위 있는 증언을 청중에게 전달하는 것입니다. 신약성경의 문서들이 1세기 기독교 공동체 안에서 쓰인 것은 사실입니다. 이들 공동체의 필요가 문서들의 보존에 어느 정도 영향을 미친 것도 사실입니다. 각 문서의 저자들이 특정 목적에 따라 자료를 선별하여 제시한 것도 맞습니다. 그러나 교회 공동체도, 성경 저자들도 자신의 메시지를 창작하거나 왜곡하지는 않았습니다. 성경의 권위가 이들이나 이들의 신앙에 달려 있는 것도 아닙니다. 사도나 전도자 가운데 성경 문서를 어느 교회 또는 교회들의 이름으로 쓴 사람은 없습니다. 그 대신 성경 저자들은 예수 그리스도의 이름과 권위로 교회들에 주의를 촉구했습니다. 이후 신약성경에 포함할 책을 결정할 때, 당시 선택된 책들에 교회가 권위를 부여한 것이 아닙니다. 교회는 그 책들이 사도들이 준 영감받은 가르침을 담고 있으므로 이미 권위가 있다고 인정했을 뿐입니다.

　성경의 권위를 인정하는 우리는 가장 주의 깊은 설교자가 되어야 합니다. 만약 성경이 초기 그리스도인들의 믿음을 반영한 인간적 사고를 모아 놓은 (그리고 그 사이사이에 신적 영감이 번득이는) 책에 불과하다면, 성경을 적당히 살피는 태도도 용납할 수 있을 것입니다. 하지만 우리는 "사람의 지혜가 가르친 말로 아니하고 오직 성령께서 가르치신"(고전 2:13) 살아 계신 하나님의 말씀인 성경을 다루는 것입니다. 성경을 연구하고 강해할 때 너무 어렵다고 적당히 넘기는 일은 있을 수 없습니다.

또한 우리는 하나님의 구원 행위와 기록된 말씀을 모두 설교에 반영하는 것을 잊지 말아야 합니다. 어떤 설교자들은 하나님의 능력 있는 행위에 대해 말하기를 즐기지만 그 행위들에 대한 자기 나름의 해석만을 제시합니다. 어떤 이들은 하나님의 말씀에 충실한 설교를 하려 하지만 그리스도 안에서 하나님이 하신 일에 대한 감격을 잃어버려 지루합니다. 참된 설교자는 열정적으로 충실하게 하나님의 행위와 말씀 모두를 전달합니다. 하나님이 말씀하실 때, 그분이 사용한 일반적 방법은 저 맑고 푸른 하늘 위에서 인간이 알아들을 수 있게 소리치는 것이 아니었습니다. 영감은 받아쓰기가 아닙니다. 하나님은 인간의 생각과 입에 그분의 말씀을 주셨는데, 이때 그들의 생각과 말이 온전히 그들의 것이면서 동시에 그분의 것이 되도록 하셨습니다. 영감은 그들의 역사 연구나 지성의 자유로운 사용과 모순되지 않았습니다. 성경이 스스로에 대해 말하는 바에 충실하고

자 한다면 성경의 인간 저자와 신적 저자를 모두 인정해야 합니다. 신적 요소나 인간적 요소가 상대 요소를 제거하도록 허용해서는 안 됩니다. 신적 영감은 인간 저자를 무효로 만들지 않으며 인간 저자도 신적 영감을 무효로 만들지 않습니다. 성경은 하나님의 말씀이자 인간의 말입니다. 성경은 "기록된 하나님의 말씀", 곧 인간의 말을 통한 하나님의 말씀입니다.[4] 성경은 인간의 입으로 선포되고 인간의 손으로 쓰였습니다.

성경의 인간적 요소를 인정한다는 것은 성경을 문학으로 읽어야 한다는 의미입니다. 성경은 문학에 불과하다는 말이 아닙니다. 성경이 문학일 뿐이라고 주장하는 이들은 성경의 역사적 정확성과 사실성을 부정하고, 성경은 단지 그 안에서 우리 자신의 이야기를 발견할 수 있는 이야기들로 구성된 책이라고 말합니다. 이들은 하나님의 말씀에 순종하는 것에 대한 대안으로 문학적 접근을 선택합니다.

제 말의 요지는 성경의 인간 저자들이 하나님의 말씀을 전달하려고 다양한 인간적 방법을 사용했다는 것입니다. 하나님은 인간 저자들이 단지 교리나 명령으로 된 목록만을 쓰게 하실 수도 있었습니다. 물론 성경은 이러한 것들을 담고 있습니다. 그러나 대부분의 경우 하나님은 인간 저자에게 감동을 주셔서 이들이 역사, 이야기, 우화, 시, 신탁 들을 쓰게 하셨습니다. 설교자인 우리는 이러한 문학 장르가 우연이거나 부차적 문제가 아니며, 그 내용과 무관한 것도 아님을 기억해야 합니다. 문학적 장르도 하나님이 의도하신 것입니다. 하나님은 등장인물과 배경, 행동, 이미지 들을 통해 자신의 진리를 전달하려고 기획하셨습니다. 성경의 목표는 독자가 개념을 이해하는 데서 그치지 않고 경험까지 공유하도록 하는 것입니다. 명백해 보일 수도 있는 이 점을 설교자들에게 상기시켜 주어야 하는 이유는 많은 설교자가 성경을 개념 창고 정도로 취급하기 때문입니다. 이러한 설교자들은 성경이 "구체적으로 묘사된 인간 경험"임을 보지 못하고 성경 메시지를 메마르게 합니다.[5]

성경에서 문학적 장르가 중요함을 이해했다면 성경을 설교하는 우리는 훨씬 꼼꼼히 성경을 살펴야 합니다. 설교자는 광석을 캔 뒤 주변 환경을 황폐하게 남겨 놓는 광부가 아닙니다. 우리는 숙련된 지도 제작자로서 본문 주변을 주의 깊게 관찰하여 청중이 그 특징 전부를 파악하고 하나님이 거기 두신 크고 작은 길을 따라 가도록 도울 수 있어야 합니다. 성경과 마찬가지로 우리도 청중에게 개념을 자주 이야기합니다. 그러나 우리는 본문의 분위기와 느낌, 의도, 인상도 청중에게 최대한 전달하기 위해 노력해야 합니다.

강해 설교자는…성경 저자가 성경 본문에 포함할 만큼 중요한 것은 무엇이든지 강해자에게도 중요하다고 전제하고 본문에 접근한다. 만약 성경의 거의 모든 페이지에서 수사법과 문체, 특별한 언어 전략 들이 눈에

뛴다면 이를 유심히 보았다가 성경을 강해할 때 이와 관련하여 무엇인가를 언급해야 한다.[6]

이 신념은 자연스럽게 설교자는 본문의 장르에 유의해야 하고 장르의 규범도 잘 알아야 한다는 결론으로 이어집니다. 만약 제가 '옛날 옛적에…'라고 말한다면 독자들은 제가 옛날이야기를 들려주려 한다는 점을 알아차릴 것입니다. 성경 저자들도 자신이 무엇을 말하려는지 힌트를 주는데, 우리는 이 힌트를 알아차리는 법을 배우려고 노력해야 합니다. 예를 들어 성경 본문이 이야기를 들려준다면 우리는 배경과 등장인물, 대화, 구성에 면밀히 주의를 기울여야 합니다. 그 이야기가 해당 성경 문서와 성경 전체의 메시지에 어떻게 기여하는지 질문을 던져야 합니다. 본문의 단락이 시라면 심상, 함축, 병행 구문 같은 것에 주목해야 합니다. 본문이 서신의 일부라면 서신이 쓰인 상황과 저자가 이 서신을 통한 목회 활동에서 무엇을 목적하는지 숙고해 보아야 합니다.

이러한 문학적 접근에는 겸손이 요구됩니다. 우리는 각 본문을 우리가 바라는 대로가 아니라 있는 그대로 연구해야 합니다. 여기에는 최초의 화자 및 저자, 청자가 이해했을 내용을 알고자 하는 노력이 포함됩니다. 이 고된 작업의 결실로 우리는 본문을 더 잘 이해하고 본문에 더 충실하게 설교할 수 있습니다. 또한 청중이 성경을 올

바로 다루는 법을 익히는 데 도움을 줄 수 있습니다.

우리가 반드시 견지해야 하는 둘째 신념은 **하나님은 그분이 말씀하신 것을 통하여 지금도 말씀하신다**는 점입니다. 하나님은 죽으신 것도, 침묵하시는 것도 아닙니다. 성경은 하나님의 말씀이 보존된 고대 문서 모음집이 아니고, 유물이나 화석처럼 하나님의 말씀을 전시한 박물관도 아닙니다. 오히려 성경은 살아 계신 하나님이 살아 있는 사람에게 주시는 살아 있는 말씀입니다. 성경은 각 세대를 위한 현재의 메시지입니다.

사도들은 이것을 분명히 이해했고 믿었습니다. 사도들은 구약성경에서 인용문을 가져올 때 두 문구를 사용했습니다. 하나는 '기록된 바'입니다. 갈라디아서 4장 22절에서 바울은 "기록된 바 아브라함에게 두 아들이 있으니"라고 말합니다. 바울은 과거에 기록되었으며 영구적인 기록 문서로 남아 있는 무엇을 언급하고 있습니다. 다른 하나는 '그것이(또는 그가) 말한다'입니다. 이 문구에는 하나님이 여전히 말씀하고 계심을 나타내는 헬라어 시제가 사용됩니다. 예를 들어 갈라디아서 4장 21절에서 바울은 "율법이 말하는 것"(새번역)을 언급하고, 갈라디아서 4장 30절에서는 "성경이 무엇을 말하느냐"라고 묻습니다. '율법'과 '성경'은 고대의 책인데 어떻게 이것들이 지금도 말할 수 있습니까? 이것은 오직 하나님이 그것을 통해 우리에게 친히 말씀하시기 때문에 가능합니다.

이 진리는 히브리서 3장 7절에서 더욱 강조됩니다. 히브리서 저자는 시편 95편 7-11절을 인용하여 "오늘 너희가 그의 음성을 듣거든…너희 마음을 완고하게 하지 말라"고 말합니다. 그는 "성령이 이르신 바와 같이"라는 문구를 사용하면서 인용구를 도입하는데, 이 문구는 수 세기 전 시편이 기록되던 시절에 성령이 하신 것과 마찬가지로 오늘날에도 사람들이 그분께 귀 기울이도록 요청하고 계심을 나타냅니다. 여기서 하나님이 말씀하신다고 하는 서로 다른 네 시점에 주목하십시오. 첫째는 하나님이 광야에서 말씀하셨지만 이스라엘의 마음이 완고하던 때입니다. 둘째는 시편 저자가 당대 사람들에게 이스라엘의 실수를 되풀이하지 말라고 촉구하던 때입니다. 셋째는 기원후 1세기 히브리인 그리스도인들이 히브리서 저자에게 격려를 받는 시점입니다. 넷째는 오늘날 우리가 히브리서를 읽으며 하나님의 호소를 듣는 시점입니다. 이처럼 하나님의 말씀은 시대와 함께 이동합니다.

이 원리는 신약성경에도 적용됩니다. 요한계시록 2장과 3장에 나오는 교회들에 보낸 일곱 통의 편지는 모두 동일한 호소로 마무리됩니다. "귀 있는 자는 성령이 교회들에게 하시는 말씀을 들을지어다." 짐작건대 각 교회에서는 자기 교회에 온 편지를 큰 소리로 낭독했을 테고, 그들은 요한이 편지를 이전 어느 시점에 밧모 섬에서 썼다는 점을 알았을 것입니다. 그럼에도 편지들은 모두 성령이 교회들에게 여전히 말씀하고 계신다는 진술로 끝을 맺습니다. 특정한 각 교회를 향한 편지의 내용도 일반 교회 전체에 적용되었습니다. 요한의 말은 성령에게서 비롯했으며, 이 성령이 지금도 들을 귀 있는 모든 교회 구성원에게 살아 있는 음성으로 말씀하고 계십니다.

하나님이 자신이 말씀하신 것을 통해 지금도 말씀하신다는 진리를 붙잡으면 우리는 상반된 두 오류를 피할 수 있습니다. 첫째 오류는 하나님이 오늘날 침묵하신다는 견해고, 둘째 오류는 오늘날 하나님이 말씀하시는 것은 성경과 거의 또는 전혀 관계가 없다는 견해입니다. 그러나 하나님이 이미 말씀하신 것을 통해 말씀하신다는 것은 참된 사실입니다. 하나님은 친히 아주 오래된 자신의 말이 살아 있는 말씀이 되도록, 오늘날 적실한 말씀이 되도록 하십니다.

마지막으로 우리는 **하나님의 말씀은 능력이 있다**는 점을 확신해야 합니다. 하나님은 말씀하시면 곧 행동하십니다. 하나님의 말씀은 그분의 행동을 설명하는 것 이상의 일을 합니다. 하나님의 말씀은 그 자체로 활동력이 있습니다. 하나님은 말씀으로 그분의 뜻을 이루십니다(사 55:11). 매일같이 주위에 범람하는 말들을 생각할 때 이 이야기는 믿기 힘들지도 모릅니다. 그러나 작가들은 말이 중요하고 능력이 있다는 것을 압니다. 소련 정부의 권력과 공산주의에 맞섰던 러시아 작가 알렉산드르 솔제니친(Aleksandr Solzhenitsyn)도 이 점을 알았습니다. 그는 1970년 노벨상 수상 연설에서 "진실한 말 한마디

가 온 세상보다 무겁다"라고 말했습니다.⁷

교회가 말은 너무 많이 하고 행동은 너무 적게 한다는 지적도 말의 힘에 의구심을 품게 할 만합니다. 이것이 사실인지 스스로를 돌아보아야 하지만 그렇다고 말을 포기하면 안 됩니다. 하나님의 말씀 안에는 말과 행동이 결합되어 있습니다. 하나님은 그분의 말씀으로 우주를 창조하셨습니다. "그가 말씀하시매 이루어졌으며 명령하시매 견고히 섰도다"(시 33:9). 하나님의 말씀이신 예수님은 말씀을 전하셨고, 또한 일하셨습니다(마 4:23). 그리고 이제 하나님은 동일한 권위를 가진 말씀으로 새 창조와 구원을 이루십니다. 하나님은 선포된 그분의 메시지를 사용하셔서 믿는 자들을 구원하십니다(고전 1:21; 살전 2:13).

성경은 말씀의 능력을 묘사하는 여러 이미지를 제시합니다. 성경은 하나님의 말씀이 좌우에 날선 어떤 검보다도 예리하여 우리의 생각과 양심을 꿰뚫는다고 묘사합니다(히 4:12). 하나님의 말씀은 방망이와 같아서 바위처럼 굳은 마음을 부술 수 있고, 불과 같아서 헛된 것을 태워 없앨 수 있습니다(렘 23:29). 하나님의 말씀은 어둔 밤 등불과 같이 우리의 길을 비춥니다(시 119:105). 하나님의 말씀은 거울과 같아서 우리가 어떤 존재이며, 어떤 존재여야 하는지 보여 줍니다(약 1:22-25). 하나님의 말씀은 출산의 열매를 맺는 씨앗(약 1:18), 성장하게 하는 젖(벧전 2:2), 겨는 주지 못하는 양분을 공급하는 알곡(렘

23:28), 소유자에게 달콤함을 주는 꿀과 소유자를 부요하게 하는 금(시 19:10)에 비유됩니다.

이 비유들은 과장이 아닙니다. 존 웨슬리(John Wesley)의 일기는 자신의 설교에 처음에는 적대적이었던 사람들을 변화시킨 말씀의 능력에 대한 언급으로 가득합니다. 빌리 그레이엄도 집회를 인도하며 동일한 능력이 나타나는 것을 경험했습니다. 이 위대한 인물들이 지녔던 놀라운 은사가 우리에게는 없을 수 있지만 말씀은 여전히 능력이 있습니다. 씨 뿌리는 자의 비유를 기억해야 합니다. 우리가 뿌린 모든 씨앗이 열매를 맺지는 못할 것입니다. 어떤 땅은 단단한 돌밭이었고, 새와 잡초와 뜨거운 태양은 씨앗이 싹을 못 틔우게 막았습니다. 하지만 우리는 어떤 땅은 좋은 밭으로 드러날 것이며, 영원한 열매를 풍성히 맺을 것이라는 약속을 믿고 기운을 내야 합니다. 씨앗 안에 생명과 능력이 있으며, 성령이 밭을 준비하고 물을 줄 때 씨앗이 자라나 많은 결실을 맺습니다.

그러므로 "참된 설교는 진정한 행동이다"라고 말할 수 있을 것입니다.[8] 우리는 두 손과 입과 가슴에 말씀을 품고 강단에 오릅니다. 우리가 품은 말씀은 능력이 있습니다. 우리는 말씀 선포의 결과를 예상해야 합니다. 회심을 기대해야 합니다. 스펄전(Spurgeon)은 목사들에게 이렇게 촉구했습니다. "간절히 기도하고, 열렬히 설교하십시오. 그래서 회심이 일어나지 않거든 여러분은 마땅히 대경실색하며 애통해야 합니다."

교회에 대한 확신

교회에 대한 여러 신념이 있지만 여기서는 교회는 말씀으로 창조된 하나님의 창조물이며 말씀에 의존한다는 확고한 신념에 초점을 두겠습니다. 교회를 살아 있게 하고, 교회를 인도하고 거룩하게 하며, 개혁하고 갱신하는 것은 하나님의 말씀입니다. 그리스도는 그분의 교회를 말씀으로 통치하시고 말씀으로 먹이십니다. 개인으로서든 교회로서든 우리는 "떡으로만 살 것이 아니요, 하나님의 입으로부터 나오는 모든 말씀으로 살 것[입니다]"(신 8:3, 예수님이 마 4:4에서 인용).

성경은 이 점을 반복해서 강조합니다. 하나님은 자기 백성에게 친히 말씀하시며 그분의 도를 가르치시고, 하나님과 그들 자신을 위해 그분의 메시지를 듣고 순종하라고 거듭 호소하십니다. 구약성경은 하나님 백성의 안녕이 하나님의 음성에 귀 기울이고, 그분의 약속을 믿으며, 그분의 명령을 순종하는 것에 달려 있다고 반복해서 보여 줍니다. 신약성경에서도 교회의 건강은 교회가 하나님의 말씀에 얼마나 주의를 기울이는가에 달려 있음을 보여 줍니다.

선지자들과 사도들처럼 새로운 계시를 직접 받지 않는 오늘날에도 이것은 여전히 진리입니다. 우리가 성경 말씀을 성실히 선포하면 성령이 하나님의 말씀을 듣는 이의 마음속에서 살아나게 하실 것입니다. 하나님은 그분의 백성에게 말씀으로 비전을 주실 것입니다. 이 비전이 없으면 교회는 소멸합니다. 하나님의 백성은 교회가 이 세상에 존재하는 그분의 새로운 공동체가 되기를 원하신다는 하나님의 바람을 말씀을 통해 깨닫기 시작할 것입니다. 그리고 이 목적을 성취하도록 하나님이 그리스도 안에서 우리에게 주신 자원들을 파악하기 시작할 것입니다. 오직 겸손히 순종하는 자세로 하나님의 음성을 경청할 때에만 교회는 성숙에 이르기까지 자라고, 세계를 섬기고, 주님을 영화롭게 할 수 있습니다.

마틴 로이드 존스(Martyn Lloyd-Jones)는 "교회사에서 교회가 타락했던 시기와 시대는 언제나 설교가 쇠퇴한 때"라고 지적했습니다.[10] 그리스도인의 삶의 수준이 낮은 이유는 다른 무엇보다 기독교 설교의 수준이 낮기 때문입니다. 교회가 다시 흥왕하려면 충실하고 능력 있는 성경적 설교가 필요합니다. 하나님은 지금도 그분의 백성이 말씀에 귀 기울이기를, 그분의 설교자들이 말씀을 선포하기를 강권하십니다.

목회직에 대한 확신

예수 그리스도는 그분의 교회를 지도자들에게 맡기시고, 이들이 교회 체계의 영구적인 일부가 되도록 하셨습니다. 바울의 말에 주의를 기울일 필요가 있습니다. "미쁘다 이 말이여, 곧 사람이 감독의 직분을 얻으려 함은 선한 일을 사모하는 것이라 함이로다"(딤전 3:1).

신약성경은 교회 지도자를 감독 또는 장로라고 부릅니다(딛 1:5). 교회 지도자는 더 이상 제물을 드리는 구약의 제사장이 아니라 주로 성도를 돌보는 일을 책임지는 목회자 혹은 목자입니다(행 20:28). 하나님은 양 떼를 먹이지 않고 자기만 먹는 이스라엘의 목자들을 꾸짖으셨습니다(겔 34:1-3). 그러나 선한 목자 예수님은 양 떼가 자신의 돌봄 안에서 안전할 것이라고 약속하셨을 뿐 아니라 베드로에게 "내 어린 양을 먹이라" "내 양을 먹이라"고 지시하셨습니다(요 10:9; 21:15-17). 사도들은 이 명령을 결코 잊지 않았습니다. 후에 베드로는 장로들이 "하나님의 양 무리를 [쳐야]" 한다고 썼고(벧전 5:2), 바울은 에베소 교회의 장로들에게 "여러분은 자기를 위하여 또는 온 양 떼를 위하여 삼가라. 성령이 그들 가운데 여러분을 감독자로 삼고…교회를 보살피게 하셨느니라"라고 했습니다(행 20:28). 목자장에게 그분이 자기 자신의 피로 사신 사람들을 돌보도록 요청받는 것은 얼마나 큰 특권입니까!

하나님의 양 떼를 먹인다는 것은 그분의 교회를 가르친다는 뜻이며, 그렇기에 장로가 되기 위한 요건에 사도적 신앙에 충실할 것과 가르치는 은사가 모두 포함된 것입니다(딛 1:9; 딤전 3:2). 이 가르침을 군림하는 자세로 전해서 회중이 진리의 성령보다 장로에게 더 의존하게 해서는 결코 안 됩니다(마 23:8). 하나님의 새 언약은 모든 믿는 자에게 성령이 주어지므로 "[그들이] 다 나를 알[게 될 것]"이라고 약속합니다. 모두가 "거룩하신 자에게서 기름 부음을 받고" "하나님의 가르치심을 받[았기]" 때문에 어떤 의미에서는 인간 교사가 필요하지 않습니다(렘 31:34; 요일 2:20-27; 살전 4:9). 모든 교회 구성원에게 "그리스도의 말씀이 너희 속에 풍성히 거하여 모든 지혜로 피차 가르치며 권면[할]" 책임이 있는 것도 사실입니다(골 3:16). 그러나 이 모든 진리는 목회자가 부르심을 받고 설교와 가르치는 일에 헌신하도록 구별된다는 사실과 상충하지 않습니다(딤전 5:17).

주님이 그분의 교회에 주신 선물에 "목사와 교사"(엡 4:11)가 포함된다는 사실은 하나님이 모든 지역 교회가 목회적 감독의 유익을 얻기 원하신다는 것을 시사합니다. 이 목회적 감독은 집단으로 이루어져야 합니다. "장로들"이라는 단어는 신약성경에서 거의 항상 복수형으로 나오기 때문입니다(행 14:23; 20:17; 딤전 4:14; 딛 1:5). 장로들이 하는 일에는 설교와 가르침이 포함되며, 적어도 이들 집단의 한 사람은 말씀 선포라는 힘든 사역을 기꺼이 맡아야 합니다. 설교 사역에는 많은 시간과 에너지가 요구되지만 이러한 헌신이 없으면 회중은 양분을 얻지 못하고 허약해지기 쉽습니다.

가끔 설교와 가르침이 차이가 있는가 하는 질문을 받습니다. 설교와 가르침 사이에 차이가 있다면 그것은 매우 작습니다. 예수님은 가르치셨을 뿐 아니라 설교하셨고(마 4:23), 사도 바울은 자신을 복음의 설교자이자 교사로 묘사합니다(딛 1:3; 딤후 1:11). 바울이 죄인을 대상으로 설교를 하고, 회심자를 대상으로 가르쳤는지도 모릅니다. 그러나 그의 설교가 그의 가르침과 완전히 다른 것 같지는 않습니다. 아마도 둘은 상당히 많이 겹칠 것입니다.

신약성경이 설교를 언급할 때는 복음 전도를 지칭하는 것이며 우리가 설교(그리스도인 회중에게 하는 설교)라고 부르는 것은 신약성경에 등장하지 않는다는 주장이 가끔 제기됩니다. 그러나 역사를 조금만 공부해 보면 이 주장은 근거가 박약하다는 점을 알 수 있습니다.

하나님의 백성을 한자리에 모아 하나님의 말씀을 설명하는 관습은 구약 시대로 거슬러 올라갑니다. 모세는 제사장들에게 지시하여 이스라엘 백성을 모으고 그들에게 율법을 읽어 주도록 했습니다. 아마 그렇게 하면서 제사장들은 율법을 설명하고 적용했을 것입니다(신 31:9-13; 참고. 말 2:7-9). 에스라는 "율법책을 가지고 회중 앞"에서 소리 내어 "읽[었고]", 레위인들은 에스라의 사역에 함께하여 "하나님의 율법책을 낭독하고 그 뜻을 해석하여 백성에게…다 깨닫게" 했습니다(느 8:1-8). 후에 회당 예배에는 율법서와 예언서의 일부를 낭독하고, 이어 누군가가 설교하는 순서가 포함되었습니다. 예수님은 나사렛 회당에서 먼저 이사야 61장을 읽으신 후 메시지를 전하면서 자신이 이 성경 말씀의 성취라고 선언하셨습니다(눅 4:16-22). 이와 마찬가지로 바울이 비시디아 안디옥 회당 예배에 참석했을 때 예배자들은 먼저 "율법과 선지자의 글[이]" 낭독되는 것을 들었고, 이어서 청함을 받은 바울이 설교했습니다(행 13:14-43).

신자들이 회당을 떠나거나 회당에서 쫓겨나 자체적으로 그리스도인 모임을 조직하기 시작했을 때 이들은 동일한 예배 형식을 유지했습니다. 그런데 이들은 율법서와 선지서에서 발췌한 글에 더하여 사도들의 편지 중 하나를 낭독했습니다(예. 골 4:16; 살전 5:27). 누가는 드로아의 그리스도인 모임을 잠시 보여 주는데, 이 예배에서는 떡을 뗐고 바울이 설교했습니다. 이때 바울이 "말을 밤중까지 계속하매" 불운한 결과가 발생했습니다(행 20:7-11).

이것이 예배에 설교가 포함되었음을 구체적으로 언급한 신약성경의 유일한 기독교 예배이기는 하지만 이를 예외라고 생각할 이유는 없습니다. 오히려 바울은 디모데에게 설교에 관한 구체적 지침을 줍니다. "내가 갈 때까지 성경을 읽는 일과 권면하는 일[설교]과 가르치는 일에 전념하십시오"(딤전 4:13, 새번역). 성경을 읽고 나서 그 구절에 기초하여 설교하고 가르쳐야 한다는 것이 명확합니다. 아마 여기에는 복음 전도도 어느 정도 수반되었을 것입니다. 참석자들 가운데는 (회당에서 "하나님을 경외하는 자"로 알려진) 주변인들과 세례를 받기 위해 준비하던 이들, 그리고 믿지 않는 방문객도 있었을 것이기 때문입니다(고전 14:23). 그렇지만 설교의 강조점은 신자들을 가르치는 데 있었습니다.

만일 오늘날 목회자들이 설교와 가르침에 대한 신약성경의 강조를 진지하게 받아들인다면 자신의 사역에 지극한 보람을 느낄 수 있을 것입니다. 그러나 안타깝게도 많은 목회자가 행정 업무에 더 많이 관여합니다. 이들의 사역을 상징하는 것은 서재가 아닌 사무실이며, 성경이 아닌 컴퓨터와 휴대전화입니다. 사도들이 그랬던 것처럼 "기도하는 일과 말씀 사역"(행 6:4)을 최우선순위에 놓으려면 우리가 매일, 매주 하는 일들을 근본적으로 재구성해야 할 수도 있습니다. 평신도 지도자에게 더 많은 일을 위임해야 할 것입니다. 그러나 이렇게 하면 목회직에 대한 진정한 신약의 태도와 접근이 드러나고, 교회도 매우 건강해질 것입니다.

설교에 대한 확신

목회자는 어떤 종류의 설교를 해야 할까요? 설교학 교과서에서는 흔히 강해 설교를 설교의 여러 종류 중 하나로 나열합니다. 하지만 저는 강해 설교가 선택할 수 있는 여러 설교 중 하나라는 견해에 동의할 수 없습니다. 모든 참된 기독교 설교는 강해 설교여야 합니다. 강해라는 단어가 성경의 긴 단락을 한 절씩 설명하는 것에만 해당한다고 생각한다면 우리는 이 단어를 오용하는 것입니다. '강해'가 실제로 가리키는 것은 설교의 방식이라기보다는 설교의 내용입니다. 성경을 '강해한다'는 것은 본문 안에 있는 것을 꺼내서 드러내는 것입니다. 강해자는 닫힌 것 같은 부분을 열고, 혼동되는 것을 분명히 하며, 얽힌 것과 단단히 묶인 것을 풉니다.

'본문'은 단어가 될 수도 있고, 구절이나 문장이 될 수도 있습니다. 어떤 때에는 한두 단락이 되기도 하고, 심지어 장 전체나 책 전체가 될 수도 있습니다. 본문이 성경이기만 하면, 길이는 중요하지 않습니다. 중요한 것은 본문을 가지고 무엇을 하는가 하는 점입니다. 본문이 길든 짧든 강해자는 본문이 분명하고 정확하고 적실하게, 가감이나 왜곡 없이 그 자체의 메시지를 말하도록 본문을 열어 놓아야 합니다. 강해 설교를 할 때 성경 본문은 그것과 아주 다른 주제를 다루는 설교를 위한 출발점이 될 수 없습니다. 본문은 뒤죽박죽된 개념들을 편한 대로 걸쳐 놓는 못걸이도 아닙니다. 본문은 설교의 내용과 논조, 목적을 규정하고 좌우하는 설교의 주인입니다. 필립 라이큰(Philip Ryken)이 이를 잘 설명했습니다.

> 강해 설교는 방법이기보다는 마음 자세다. 자신을 강해자로 여기는 목회자는 자신이 말씀의 주인이 아니라 종임을 안다. 그는 성경이 실제로 가르치는 바를 설교하는 것 이외의 소원이 없다. 그의 목표는 하나님의 말

씀에 충실하여 그분의 백성이 하나님의 음성을 들을 수 있도록 하는 것이다. 그 자신은 단지 하나님의 대변자로서, 하나님의 메시지를 하나님 백성의 귀에 말하고, 이로써 그들의 생각과 마음에 말한다. 이를 위해 그는 성경을 주의 깊게 꾸준히 연구하여 회중에게 읽어 주고 설명하고 적용한다.[11]

데이비드 허버드(David Hubbard)는 겸손한 자세가 설교에 실제로 어떻게 작용하는지 잘 표현했습니다.

성경을 해석하는 것은 금고털이와 같다. 쇠지레와 다이너마이트를 사용하는 금고털이가 아니라 숙련된 손가락으로 금고 손잡이를 더듬어 자물쇠 회전판을 맞추는 금고털이 말이다. 금고로 하여금 자물쇠 번호를 스스로 알려 주게 하는 것이다. 설교를 준비하며 성경을 대할 때 우리는 정직해야 한다. 우리는 어떤 생각을 떠올리는 경향이 있다.…그리고 나서 '이제 이 생각을 뒷받침할 본문 혹은 구절을 찾을 수 있다면'이라고 생각한다. 우리 중 상당수가 성경을 실용적 목적으로 이용하는 함정에 빠진다. 본문으로 가서 그 본문이 우리에게 메시지를 알리게 하기보다 우리가 전달하고 싶은 생각들을 뒷받침하는 수단으로 본문을 사용하는 것이다.[12]

이 절제된 접근이 주는 주된 유익 몇 가지를 생각해 봅시다.

첫째, **강해는 우리에게 한계를 정해 줍니다.** 강해는 설교의 텍스트를 성경으로 제한합니다. 우리는 세계문학이나 정치 연설에서 나온 구절을 강해하지 않으며, 종교 서적의 구절도 강해하지 않습니다. 우리는 우리 자신의 견해를 제시하지도 않습니다. 그렇습니다. 우리는 언제나 하나님의 말씀에서 설교 본문을 취합니다. 강해 설교를 하는 데 가장 필요한 요건은 우리가 거룩한 진리의 "의탁한 것"(기탁물)을 지키는 자요(딤전 6:20; 딤후 1:12-14), 복음을 위탁받은 자이며(살전 2:4), "하나님의 비밀을 맡은 자"라는 사실을 인식하는 것입니다(고전 4:1-2).

둘째, **강해는 정직을 요구합니다.** 안타깝게도 모든 사람이 이 신념을 갖고 있지는 않습니다. 우리가 원하는 대로 성경의 의미를 끌어낼 수 있다고 말하는 이들이 있으나 이것은 정직하지 않을 때나 절제된 성경 연구를 수행하지 않을 때만 그렇습니다.

문법적-역사적(grammatico-historical) 주해 작업에 대한 기술은 우리가 본문의 역사적 기원과 문법을 고려하여 본문을 해석해야 함을 상기시켜 줍니다. 16세기 종교개혁자들이 성경의 '문자적' 해석을 언급하기 시작했을 때 이들은 일부 성경 구절이 시나 비유가 아니라고 한 것이 아니라, 자신들이 채택한 접근 방식을 공상에 불과한 알레고리적 해석 방식과 대비한 것이었습니다. 종교개혁자들은 성경을 연구하는 모든 이가 각 본문이 나타내는 명백하고 자연스러운, 있는 그대로의 의미를 찾아야 한다는 점을 강조한 것입니다. 원저자가 의도한 본문의 의미는 무엇인가? 그들은 바로 이 질문에 답하고자 했습니다. 이것은 끈기를 갖고 연구하면 자신 있게 답할 수 있는 질문입니다. 성경 저자들은 거짓말쟁이가 아니라 정직한 사람들이었고, 자신이 쓴 글을 독자가 이해하기를 원했습니다.

종교개혁자들은 또한 성경에 하나님이 부여한 통일성이 있고, 그러므로 성경이 성경을 해석하도록 해야 한다고 주장했습니다. 한 구절이 다른 구절의 의미를 밝혀 줍니다. 그리스도인은 이 조화를 존중해야 하고, 어떤 구절도 다른 구절과 모순되도록 해석해서는 안 됩니다. 우리는 난해한 구절이 있음을 인정하면서도 분별 있게 구절 간의 조화를 이루려고 노력해야 합니다.

모든 기독교 설교자가 장 칼뱅(John Calvin)과 더불어 "내가 아는 한 나는 성경의 단 한 구절도 변개하지 않았고, 왜곡하지도 않았다.…그리고 나는 항상 단순해지고자 궁리했다"라고 말할 수 있으면 좋겠습니다.[13]

존 브라이트(John Bright)도 정직의 문제를 다루면서, 성경적 설교자는 먼저 본문의 의미를 정확히 파악하는 수고를 감내해야 한다고 말합니다.

본문의 의미는 그가 늘 생각했던 것, 선호하는 것, 표면적으로 볼 수 있는 것이 아니라, 그 본문이 실제로 의미하는 것이어야 한다. 최선의 진지함을 지니고 본문을 대하지 않는다면 성경적 설교는 있을 수 없다. 거리낌 없이 본문을 경시한다면, 자신이 하고 싶은 어떤 주장을 본문이 뒷받침하게 하려고 본문의 의미를 왜곡하거나 편향되게 바꾼다면, 본문의 요점을 무시하고 부차적 교훈들을 도출하는 데 만족한다면, 그 설교자는 성경적 설교를 하는 척하는 흉내를 모두 그만두어야 한다. 성경적 설교의 목표는 본문 자체의 말씀을 현재 상황과 연결하는 것이다. 그러므로 성경적 설교는 본문 자체의 단어들에서 출발해야 한다. 성경적 설교는 본문이 본래의 청중에게 전달하고자 한 메시지를 가능한 정확히 파악하기 위해 설교자가 결연한 노력을 기울일 것을 요구한다. 만약 설교자가 이 수고를 하지 않으면 본문에서 회중을 위한 타당한 메시지를 도출할 수 없다. 그의 설교는 흥미로울 수 있고, 어쩌면 감화를 줄 수도 있다. 그러나 그가 회중에게 자기 설교를 진정한 성경 말씀이라고 선전하게 두어서는 안 된다. 이러한 설교는 성경 말씀에서 착상을 얻는 설교자 자신의 말이나 생각에 불과하다. 그는 이것을 정직하게 인정해야 한다.[14]

셋째, **강해는 우리가 피해야 할 함정을 밝혀냅니다.** 주요 함정 두 가지는 부주의와 불성실입니다. 부주의한 강해자는 자기 자신의 생각을 따라가다가 본문의 메시지를 따르는 것을 잊고 본문에서 벗어납니다. 불성실한 강해자는 본문을 고수하는 듯 보이지만, 본문을 과장하고 왜곡하여 본래의 자연스러운 뜻과는 아주 다르게 해석합니다. 신약성경 저자들도 생생한 표현을 사용하여 이러한 악을 경고합니다. 거짓 교사들은 과녁을 맞히지 못한 궁수처럼 진리에서 "멀리 떠나 버렸"기에 책망받습니다(딤후 2:18, 새번역). 거짓 교사들은 속임수로 물건을 파는 장사꾼처럼 하나님의 말씀을 "팔러"다닙니다(고후 2:17, 옮긴이 사역). 이들은 복음의 내용을 고쳐 "왜곡하고" 성경을 "잘못 해석"하거나 혹은 비틀어서 알아볼 수도 없게 만듭니다(갈 1:7; 벧후 3:16, 새번역). 이에 반해 바울은 "숨은 부끄러움의 일을 버리고" "하나님의 말씀을 혼잡하게 하[는]" 것을 철저히 거부하며 대신 "오직 진리를 나타[낸다]"고 선언합니다(고후 4:2).

넷째, 강해는 우리에게 설교할 자신감을 줍니다. 우리가 제시하는 것이 우리 자신의 견해이거나 다른 불완전한 동료 인간의 생각이라면 말하기에 주저함이 있을 것입니다. 그러나 우리가 강해하는 것이 참으로 하나님의 말씀이라면 담대할 수 있습니다. 베드로는 누구든 말하는 이는 "하나님의 말씀을 하는 것같이" 해야 한다고 썼습니다(벧전 4:11). 우리는 유대인처럼 "하나님의 말씀을 맡[은]" 자입니다(롬 3:2). 우리의 주된 과업은 이 말씀을 충실하게 다루어 하나님이 그것을 통해 지금도 말씀하시도록 하는 것입니다.

이 장에서 제시한 하나님, 성경, 교회, 목회직, 성경적 강해에 대한 진리는 하나님을 경외하는 믿음을 강화합니다. 설교에 대한 오늘날의 반론과 도전 때문에 물러서서는 안 됩니다. 오히려 우리는 새롭게 결단하고, 새 힘을 가지고 설교 사역에 매진해야 합니다. 그 어떤 것도 우리가 이 중대한 과업에 집중하지 못하게 방해하도록 두어서는 안 됩니다.

3 다리를 놓는 설교

지금까지 오늘날 설교가 받고 있는 도전을 논의하고, 이에 대한 신학적 변론을 전개했습니다. 그러나 아직 설교가 무엇인지 정의하지는 않았습니다. 설교가 참으로 기독교적이려면 강해 설교여야 한다는 것만 주장했습니다. 이것은 설교의 온전한 정의가 아닙니다. 설교는 단순히 성경 본문을 해석하는 것을 훨씬 넘어서는 일입니다.

이 점은 기독교 설교자를 묘사할 때 사용되는 주요 비유 여섯 가지를 살펴보면 분명해집니다. 가장 흔한 비유는 전령 또는 포고관 비유입니다. 이들은 좋은 소식을 듣고, 이를 모든 이에게 알리라는 명령을 받습니다. 그래서 장터나 광장으로 가서 이 소식을 알립니다. 바울은 자신의 설교를 십자가에 못 박힌 그리스도를 알리는 것(고전 1:23), 그리스도 예수의 주되심을 알리는 것(고후 4:5; 또한 사 40:9; 52:7을 보라)이라고 설명합니다.

설교자는 밭으로 나가는 농부처럼 세상으로 나가 씨를 뿌리는 사람으로 묘사되기도 합니다. 설교자는 하나님의 말씀이라는 귀중한 씨앗을 뿌리고, 그중 일부가 잘 준비된 흙에 떨어져 적절한 때에 좋은 열매가 맺기를 바라며 기도합니다(눅 8:4-15).

설교자는 이국땅이나 심지어 적국에서 자신이 섬기는 왕 또는 정부를 위해 주장을 펴도록 임명된 대사입니다(고후 5:20; 엡 6:20). 설교자는 또한 하나님의 집을 관리할 책임을 맡은 청지기 혹은 관리인으로서 가족 구성원에게 성실하게 양식을 나누어 줄 임무를 맡은 자입니다(고전 4:1-2; 딤전 3:4-5; 딛 1:7).

설교자가 맡은 목회자 또는 목자의 역할에 대해서는 논의한 바 있습니다. 목자장은 목자들에게 자기 양 떼를 위탁했습니다. 목자들은 이 양 떼를 이리(거짓 교사)들로부터 보호하고, 초원(건전한 가르침)으로 인도해야 합니다(겔 34장; 요 21:15-17; 행 20:28-31).

여섯째 비유는 설교자를 "부끄러울 것이 없는 일꾼"으로 제시합니다(딤후 2:15). 그가 능히 "진리의 말씀을 옳게 분별하[기]" 때문입니다. 여기서 사용된 헬라어 동사는 다른 문맥에서 '숲이 우거지거나 통과하기 어려운 지역에 곧은길을 내어 여행자가 목적지로 곧장 갈 수 있도록 할 수 있는'이라는 의미입니다.[15] 이 곧은 가르침은 진리를 굽게 하는 이들의 거짓 가르침과 대비됩니다(딤후 2:18, 옮긴이 사역). 설교자의 강해는 청중이 쉽게 이해하고 따를 수 있도록 성경에 충실하고 단순해야 합니다.

이 여섯 그림 모두에서 메시지가 주어진 것에 주목하십시오. 설교자는 메시지를 지어내면 안 됩니다. 메시지는 설교자에게 맡겨졌습니다. 전령이 알릴 기쁜 소식이 주어졌고, 농부가 뿌릴 좋은 씨앗이 주어졌으며, 청지기가 나누어 줄 좋은 양식이 주어졌고, 목자의 양 떼에게는 좋은 목초지가 허락되었습니다. 이와 유사하게 대사는 자기 자신의 생각이 아니라 자국의 방침을 제시합니다. 일꾼은 자신의 말이 아니라 "진리의 말씀"을 위해 길을 냅니다. 신약성경의 이 모든 그림에서 설교자는 다른 누군가의 권위 아래 있는 종이고, 다른 누군가의 말을 전달하는 자입니다. 설교자의 임무는 이 메시지를 상황과 연결 짓고, 듣는 이가 공감할 수 있도록 전달하는 것입니다.

문화적 간극 건너기

성경의 비유는 설교란 하나님에게 받은 메시지를 들을 필요가 있는 동시대인에게 전달하는 것임을 보여 줍니다. 이것이 가능하려면 성경의 세계와 현대 세계 사이의 간극을 잇는 다리를 놓을 수 있어야 합니다. 다리가 강이나 협곡 이편에서 저편으로 다닐 수 있게 해 주듯이, 설교는 계시된 하나님의 진리가 성경에서 나와 오늘날 사람들의 삶으로 흘러들어 가도록 해 주어야 합니다. 기독교가 오늘날에도 적실함을 보여 주려면 우리가 짓는 다리의 기초가 튼튼해야 합니다.

보수적 신학을 지닌 설교자들은 간극의 이편, 곧 성경 편에서만 살아가는 실수를 많이 합니다. 이편에서 우리는 편안함과 안전함을 느낍니다. 우리는 성경을 믿고, 사랑하고, 읽고, 연구하며, 그 메시지를 설교합니다. 그러나 간극의 저편, 곧 현대 세계에서 우리는 편안하지 않습니다. 저편의 세계는 우리를 혼란스럽게 만들고 위협합니다. 그래서 우리가 성경 편에서 짓는 다리는 기초가 튼튼하지만 다른 편에는 결코 이르지 못합니다. 적용 없이 강해하는 이유를 해명하라는 요청을 받으면 우리는 성령이 직접 그분의 말씀을 인간 삶의 현실에 적용하시리라 믿기 때문이라고 그저 경건하게 대답합니다.

간극의 저편에는 시대와 함께 움직이는 것에 긍지를 갖고 설교의 기초를 현대 세계에 두는 설교자들이 있습니다. 이들은 동시대인에게 의미가 분명하고, 이해할 수 있으며, 믿을 만한 언어로 기독교 신앙을 재진술하려고 대단히 고심하며, 그래서 사람들이 묻는 질문, 심지어 잘못된 질문에도 답하고자 노력합니다. 그러나 만일 우리가 세상의 자기 이해를 무비판적으로 수용하면 하나님의 종이 아니라 최신 유행의 종이 될 수 있습니다. 시대와 관계를 맺으려는 열정 때문에 계시된 하나님의 진리를 무시하게 될 수도 있습니다.

그러므로 보수주의자는 성경적이지만 동시대적이지는 않으며, 자유주의자와 급진주의자는 현대적이지만 성경적이지는 않습니다. 어느 누구도 다리를 놓지는 못하는 것 같습니다. 우리는 계곡을 다리로 이으려는 의지가 확고한 그리스도인 전달자가 되게 해 달라고 하나님께 간구해야 합니다. 진리를 희생하거나 시대적 적실성을 무시하지 않으면서 하나님의 불변하는 말씀을 끊임없이 변하는 이 세계와 연결하려고 애써야 합니다.

다리 놓기는 단순히 하나님이 보이신 본을 따르는 일입니다. 하나님은 그분의 선지자를 통하여 특정한 역사적·문화적 상황 속에 있는 그분의 백성과 소통하셨고, 그분의 영원한 말씀은 육신을 입고

1세기 팔레스타인의 유대인이 되셨습니다. 하나님이 인간에게 내려오셨습니다. 하나님은 설교하는 우리가 단지 듣는 이의 언어를 사용할 뿐 아니라 실제로 듣는 이의 생각과 감정 세계 안으로 들어가야 한다는 것을 모범으로 보이셨습니다. (한 언어를 다른 언어로 바꾸는 것에 그치는) 번역이 아니라 (한 세계를 다른 세계로 바꾸는) 성육신이 기독교의 소통 모델입니다.

또한 다리 놓기는 모든 시대의 위대한 설교자들이 걸었던 길을 따르는 일입니다. 407년에 사망한 요한 크리소스토무스(John Chrysostom)는 시대를 초월하면서도 시대에 적실한 설교를 전한 "말씀의 사람이자 세상의 사람"으로 기록되었습니다.[16] 18세기의 조너선 에드워즈(Jonathan Edwards)는 성경과 인간의 마음에 관하여 비길 데 없는 지식을 지녔던 인물로 전해집니다.[17] 19세기의 스펄전과 20세기의 칼 바르트(Karl Barth) 둘 다 설교자들에게 "한 손에는 성경, 다른 한 손에는 신문"을 들고 설교를 준비하라고 조언했습니다.[18]

다리 놓기가 성경과 세상을 연결하는 일을 나타내는 데 사용되는 유일한 비유는 아닙니다. 이언 피트왓슨(Ian Pitt-Watson)은 다른 그림을 제시합니다.

모든 설교는 한편에 놓인 성경 본문과 다른 편에 놓인 동시대 인간 삶의 문제를 연결하는 활시위와 같다. 어느 한쪽 끝이라도 불안정하게 묶여 있

으면 활은 무용지물이다.[19]

스티븐 닐(Stephen Neill) 주교는 또 다른 그림을 제시합니다.

설교는 직물 짜기와 같다. 씨줄과 날줄이라는 두 요소가 있다. 고정되어 바꿀 수 없는 요소, 우리로 치면 하나님의 말씀이 있고, 직물 짜는 이가 의지대로 문양을 바꾸어 변화를 줄 수 있는 가변적 요소가 있다. 우리에게 이 가변적 요소는 인간과 상황이 끊임없이 변화하는 양상이다.[20]

그리스도 설교하기

설교가 성경과 세상 사이에 다리를 놓는 작업이라면 우리는 인간 삶에서 중요한 주제를 가장 먼저 다뤄야 합니다. 우리의 존재 목적은 무엇인가? 삶에 의미가 있는가? 나는 어디에서 왔으며, 어디로 가는가? 인간이 된다는 것은 무슨 의미인가? 인간은 동물과 어떻게 다른가? 왜 모든 인간은 숭배하기를 갈망하는가? 자유란 무엇인가? 현재의 나와 간절히 되고자 하는 나 사이에는 왜 고통을 일으키는 간극이 존재하는가? 죄책감과 수치심을 제거할 수 있는 방법은 없는가? 왜 우리는 사랑, 성적 만족, 결혼, 가정생활, 공동체를 갈구하면서, 또한 질투, 적의, 증오, 욕정, 복수심 같은 파괴적 격정도 경험하는가? 왜 우리는 타인에게 소외감을 느끼는가? 이웃 사랑은 가능한가? 왜 악과 고통이 존재하는가? 삶과 죽음, 그리고 죽음 너머에 놓여 있을 무언가를 직면할 용기를 우리는 어떻게 얻을 수 있는가? 어떤 희망이 절망 속에 있는 우리에게 용기를 줄 수 있는가?

이런 질문들은 매 세대마다 제기되었습니다. 이것들은 성경이 계시하는 인간 본성을 그대로 보여 줍니다. 즉, 우리가 하나님의 형상으로 만들어진 존귀한 창조물이면서 또한 죄를 범하고 타락한 죄인임을 보여 줍니다.

예수 그리스도는 이런 질문에 답을 주시기도 하고, 또는 고통과 악의 문제 같은 깊은 신비에 누구보다 밝은 빛을 비추어 주시기도 합니다. 그분은 모든 인간 소망의 성취이십니다(골 2:3, 9-10). 그러므로 우리는 무엇보다 그리스도를 설교해야 합니다. 참된 지혜를 찾고 싶다면, 하나님과 올바른 관계를 맺고 싶다면, 인격이 성숙하기 원한다면 우리는 예수 그리스도께 의지해야 합니다. 하나님이 십자가에 못 박혀 죽으시고 다시 사신 그리스도를 지명하여 그분의 백성을 만족시키도록 하셨기 때문입니다.

우리가 설교하는 그분은 현실 세계와 무관하게 동떨어진 진공 속의 그리스도, 그저 역사 속 예수님이 아닙니다. 그분은 한때 이 땅에서 사시고, 죽으시고, 다시 사신 그리스도시며, 지금도 살아서 통치하시는 분입니다. 그분은 우리에 대한 하나님의 사랑을 확증하심으로써 우리에게 자존감을 주십니다. 그분은 우리를 위해 죽으심으로써 우리를 죄책과 수치에서 자유롭게 하십니다. 우리는 그분의 부활의 능력으로 자기중심성이라는 감옥에서 벗어납니다. 그분이 다스리시기에, 두려워하며 살지 않아도 됩니다. 그분은 결혼과 가정, 일과 여가, 개인이 되는 것과 시민이 되는 것에 의미를 주십니다. 그분은 역사가 무의미하거나 무한하지 않음을 약속하십니다. 그분은 언젠가 역사를 끝내고, 죽음을 파괴하고, 의와 평화의 새 우주를 가져오실 것입니다.

윤리 설교하기

다리 놓기는 또한 청중과 우리가 살고 있는 사회에 영향을 주는 윤리적·사회적 문제를 다뤄야 한다고 말합니다. 복음은 구원에 관한 것일 뿐 아니라 성화에 관한 것이기도 하기 때문입니다. 야고보는 "행함이 없는 믿음은 죽은 것"이라고 주장합니다(약 2:26).

윤리적 행동은 복음을 받아들이면 자동적으로 나타나는 결과가 아닙니다. 윤리적 행동은 배워야 합니다. 그래서 복음을 선포한 사도들은 분명하고 구체적인 윤리적 가르침도 주었습니다. 복음을 더 매력적으로 만드는 도덕 행위의 규범을 가르치고, 듣는 이로 하여금 이 규범에 주의를 기울이게 하는 것은 율법주의나 바리새주의가 아니라 분명한 사도적 기독교입니다.

바울은 디도에게 보낸 편지에서 설교자의 이 책임을 분명하게 설명했습니다. 디도는 "바른 교훈에 합당한 것"(사도적 신앙)을 가르치고, 또한 "우리 구주 하나님의 교훈을 빛나게 하[는]" 선한 행동(도덕적 행동)을 장려하라는 지시를 받았습니다. 디도서 2장 1-10절에서 바울은 교회 내 여러 집단에게 자세한 가르침을 줍니다. 나이 든 남자는 책임 있게 행동해야 하고, 친절하고 신중하며 원숙해야 합니다. 나이 든 여자는 경건해야 하고, 젊은 아내들에게 그들의 남편과 아이에 대한 책임을 가르쳐야 합니다. 디도 자신도 젊은 남자들에게 좋은 본을 보이고, 자제력을 기르도록 권면해야 합니다. 종들은 근면하고 정직하여 상전을 기쁘게 해야 합니다. 이 가르침들은 우리가 복음을 선포할 때 복음의 도덕적 결론도 설명해야 함을 분명하게 보여 줍니다. 마찬가지로 그리스도인의 행동을 가르칠 때는 그에 대한 복음적 기초도 제시해야 합니다.

설교자는 **개인** 영역을 비롯한 여러 영역에서 신앙이 도덕 행위에 어떤 영향을 미치는지 다뤄야 합니다. 우리는 담배를 피울지, 문신을 새길지, 또는 피어싱을 할지 결정할 때 성령의 전인 몸에 대한 우리의 소임을 생각해야 합니다. 보는 것을 절제하는 것이 성적 자기 통제의 중요 수단임을 고려하여 어떤 영화를 보고, 어떤 잡지를 읽으며, 어떤 웹사이트에 접속할지 매우 신중하게 선택해야 합니다. 옷과 관련해서는 단정함과 허영, 소박함과 사치를 분별해야 합니다. 그러나 이런 문제들을 설교할 때 균형감을 잃지 않도록 유의해야 합니다. 오늘날의 커다란 도덕적·사회적 문제들과 비교하면 이 중 어떤 것은 기껏해야 부차적인 문제일 뿐입니다. 이 문제들에 골몰하는 것은 사소한 것에 과중한 관심을 기울이고 예수님이 "율법의 더 중한 바 정의와 긍휼과 믿음"(마 23:23-24)이라고 부른 것을 무시함으로써 바리새주의에 빠지는 것입니다. 그렇지만 우리는 여전히 구약성경이 십계명을 따르는 삶의 의미를 제시하고 있음을 지적해야 합니다. 우리는 "회개에 합당한 열매를 맺[는]" 것의 의미를 사람들에게 전한 세례 요한처럼 설교해야 합니다. 세리들은 실제로 부과된 만큼의 돈만 걷어야 했습니다. 군인들은 돈을 강탈하거나 거짓으로 고발해서는 안 되었고 자신의 급료에 만족해야 했습니다(눅 3:8-14). 사도들도 편지에서 이와 비슷한 가르침을 주었는데, 이 편지들은 때로는 기독교의 일반적 덕목("사랑과 희락과 화평과 오래 참음과 자비와 양선과 충성과 온유와 절제", 갈 5:22-23)을 권하고, 때로는 혀를 다스리는 것 등에 관한 구체적인 지침을 줍니다(약 3:1-12).

우리는 또한 새로운 공동체인 **교회** 안에서 서로에 대해 책임져야 합니다. 사도의 도덕에 대한 가르침 중 상당 부분은 "하나님의 집에서 어떻게 행하여야 할지를"(딤전 3:15) 다룹니다. 바로 여기에 신약성경의 '서로…하라'라는 명령이 모두 적용됩니다. 우리는 서로 사랑하고, 서로 용서하고 용납하며, 서로를 격려하고 바로잡아 주어야 하고, "서로 대접하기를 원망 없이 하고"(벧전 4:9), "짐을 서로 [져야]"(갈 6:2) 합니다. 바울도 에베소서 4장과 5장에서 많은 의무를 열거하면서 거짓, 분노, 부정직, 악담, 독설, 험담, 방탕을 버리라고 말합니다. "[한 몸의] 지체"(4:25)인 우리의 모든 행동은 반드시 우리의 하나 됨을 나타내야 합니다.

가족의 구성원으로서 우리는 가정에서 도덕적으로 행동해야 합니다. 바울과 베드로 모두 남편과 아내, 부모와 자녀, 주인과 종의 의무를 개략적으로 기술합니다(엡 5:21-6:9; 골 3:18-4:1; 벧전 2:18-3:7). 바울과 베드로는 그리스도인 가정과 가정 내의 관계에 관한 견해가 확고했으며 이에 관한 명료한 가르침을 줍니다. 우리도 이렇게 해야 합니다. 결혼과 부모 되기, 일은 지금도 삶의 중요한 부분이고 기독교 공동체 안에 있는 거의 모든 사람의 일상적 관심사이기 때문입니다. 기독교의 규범과 비기독교 세계의 규범은 크게 다릅니다. 따라서 그리스도인들이 기독교의 신념과 규범을 실천할 때 이들은 자신의 공동체에 대해 세상에 증언하게 될 것입니다.

공동체의 구성원이자 **인류**의 구성원으로서 우리는 오늘날 우리가 사는 세계의 주요 문제도 다뤄야 합니다. 예를 들어 산상설교의 가르침을 단순히 개인 윤리 영역으로 제한해서는 안 됩니다. 산상설교는 폭력과 비폭력 같은 문제에 관한 질문을 공동체 안에서 제기하는데, 이런 질문은 회피하거나 설교에서 제외할 수 없습니다. 우리는 복수하는 대신 원수를 사랑하라는 우리 주님의 가르침(마 5:38-48)을 이 폭력적인 세계에서 개인으로서 대응할 때 어떻게 적용할지 고민해야 합니다. 이 가르침은 국가, 정치인, 통치자, 입법자, 경찰관, 판사 등과 관련하여 어떤 의미를 갖습니까? 바울이 "아무에게도 악을 악으로 갚지" 말아야 하는 개별 그리스도인의 의무와, 악을 행하는 자를 처벌할 국가의 의무를 의도적으로 대조하는 것에 주목해야 합니다(롬 12:17-13:5). 바울은 우리에게 복수하지 말라고 가르치는데, 이는 복수가 잘못되었기 때문이 아니라 복수가 우리의 권한이 아닌 하나님의 권한이기 때문입니다.

설교에서 외면할 수 없는 다른 주제들이 여럿 있습니다. 그중 하나는 성에 관한 행동입니다. 성경은 성도덕에 관한 특정 규범들을 분명하게 가르칩니다. 예를 들면 성경은 평생 지속되는 이성 간 결혼에서만 성행위가 허용된다고 말합니다(창 2:24; 막 10:5-9; 살전 4:3-5). 더욱이 결혼은 창조 때 제정되었으므로 이 신적 규범들은 신자뿐 아니라 모든 이에게 적용됩니다. 그러므로 성경적 성 윤리에 관한 신실한 가르침은 신자에게만 국한되지 않습니다. 우리는 결혼, 이혼, 재혼, 동성 간의 혼인 관계에 관한 공적 논의에도 참여해야 합니다.

그리스도인은 이 문제들을 철저히 논해야 하며, 강단을 이용해서 이런 논의를 분명하고 용기 있게 진행해야 합니다. 설교자는 하나님의 규범을 강해하고 회중이 이를 받들도록 권면할 의무가 있습니다. 나아가 우리는 이 규범들을 비기독교 공동체에도 제시해야 합니다. 우리는 복음을 설교하고 변호해야 하지만 성경적 성 윤리도 가르치고 변호해야 합니다. 성경적 성 윤리는 사회의 건강을 위한 필수 요소로 이를 지키지 못하면 국가와 공동체가 무너집니다.[21]

예수님은 재물을 사랑하고 섬기는 것의 위험, 시기하는 죄, 물질주의의 어리석음, 베풀 의무에 대해서도 많이 말씀하셨습니다. 야고보는 부에 집착하여 일꾼에게 급료를 지급하지 않고 사치스럽고 이기적으로 사는 부자들을 편지에서 신랄하게 비난했습니다(약 5:1-6). 요한과 바울처럼 야고보도 소유가 많은 그리스도인들은 반드시 가난한 이들이 생활필수품을 얻도록 가진 것을 나누어야 한다고 강조합니다(약 2:14-18; 요일 3:17-18; 고후 8:1-15). 오늘날 세계에는 결핍 속에 사는 사람들이 수없이 많습니다. 선진국과 개발도상국, 부자와 빈자 사이의 엄청난 경제적 격차는 그리스도인이 반드시 염려해야 하는 문제입니다. 하나님은 인류의 하나 됨, 지구의 부가 낭비되는 것, 불평등으로 인한 부정의를 염려하십니다.

이러한 문제를 논의하기 시작하면 우리는 정치 영역으로 들어가게 됩니다. 단순히 고통을 경감하려는 노력으로는 충분하지 않습니다. 우리는 부정의, 빈곤, 기아, 문맹, 질병, 환경오염, 자연 자원 보존 실패, 낙태, 자비로운 살인 혹은 안락사, 사형 제도, 비인간적 기술주의, 관료제, 실업, 민족주의와 종족주의, 폭력과 혁명, 군비경쟁, 핵확산, 생물학전과 테러의 위협, 범죄 증가와 범죄자에 대한 우리의 책임, 인종주의 등도 다루어야 합니다. 목록은 끝이 없어 보입니다. 강단에서 이런 주제로 설교하는 것을 어찌 금할 수 있겠습니까? 영적 주제에 집중한다고 이런 주제의 설교를 금하면 하나님이 오직 영적 문제에만 관심이 있으시고 자기 피조물의 안녕에는 관심이 없으신 것처럼 시사하게 됩니다. 영적 문제만 설교하는 것은 그리스도인의 신앙과 삶을 분리하는 행위입니다. 이는 곧 그리스도인을 현실 세계에서 물러서도록 부추기는 잘못을 저지르는 것이며, 종교는 사람들을 마취시켜 현 상태를 묵종하게 만드는 아편이라는 마르크스의 잘 알려진 비판에 근거를 제공하는 것입니다.

강단에서 꼭 정당의 강령을 홍보해야 한다는 이야기가 아닙니다. 그보다는 모든 사람이 기독교적 가치를 구현할 수 있도록 성경적 원리를 정리하여 제시하는 것이 설교자의 임무입니다. 여론 형성자와 정책 입안자가 설교에서 영감과 격려를 얻어 성경의 원리를 필요한 모든 곳에 적용하도록 해야 합니다. 우리의 과제는 그리스도인이 기독교적 사고를 계발하도록 돕는 것이고, 그들을 성숙으로 이끄는 것입니다. 우리는 설교를 듣는 이가 세상의 소금이 되어 사회의 부패를 막도록 북돋아야 합니다. 그들이 그리스도의 사랑과 평화와 의의 빛을 널리 비추어 긍휼과 정의의 하나님을 더욱 기쁘시게 하는 사회를 형성하는 데 도움을 주도록 권면해야 합니다.

강단에는 언제나 정치적 영향력이 있습니다. 강단에서 정치와 조금이라도 관계있는 내용을 전혀 언급하지 않는다 해도 그렇습니다. 설교자의 침묵은 그가 사회에서 일어나고 있는 일을 옹호한다는 것을 시사합니다. 설교자가 침묵할 때 강단은 사회를 변화시켜 하나님을 더 기쁘시게 하는 사회가 되도록 돕는 대신 사회를 반영하기만 하는 거울이 되고 교회는 세상에 순응하게 됩니다. 강단은 중립일 수 없습니다. 우리의 과제는 문제를 회피하는 것도 아니고, 빠르고 쉬운 답변을 제시하는 것도 아닙니다. 성경에 기록된 것을 넘어서지 않으면서 성경이 명확히 말하지 않는 것은 신중하게 말하는 지혜가 필요합니다. 하지만 겸손과 지혜가, 우리가 오늘날 세계가 직면한 긴급한 문제에 대해 논하는 것을 막아서는 결코 안 됩니다.

4
연구로의 부르심

하나님의 말씀을 삶의 주요 주제들, 그리고 오늘날의 주요 문제들과 연결하도록 다리를 놓아야 한다면 우리는 성경과 세상 모두를 진지하게 다루지 않을 수 없습니다. 세상에서 물러나 성경으로 가는 것(현실도피)이나 성경에서 벗어나 세상으로 가는 것(순응) 모두 우리의 설교에 치명적입니다. 익숙해질 때까지 협곡 양편의 지형을 탐사하는 것이 우리 의무입니다. 이렇게 한 후에야 우리는 양편 사이의 관계를 볼 수 있고, 권위, 지혜, 섬세함, 정확성을 갖고서 하나님의 말씀을 인간의 상황에 선포할 수 있습니다.

앞에서 언급한 탐사란 연구를 의미합니다. 훌륭한 교사들은 평생을 학생으로 삽니다. 스펄전이 이를 잘 표현했습니다. "배우기를 그친 사람은 가르치기를 그친 것이다. 서재에서 씨를 뿌리지 않는 사람은 강단에서 거두지 못한다."[22] 빌리 그레이엄은 한 설교자의 말을 소개했습니다. "나에게 하나님을 섬길 시간이 단 3년만 주어진다면 나는 그중 2년을 연구하고 준비하는 데 사용할 것이다." 연구하지 않을 때 우리의 호흡은 탁하고 우리의 손은 둔하지만, 연구할 때 우리의 설교는 "양수기의 펌프질이 아닌 분수의 솟구침 같을" 것입니다.[23] 신선함과 생기는 연구에서 나옵니다.

성경 연구

설교자로서 우리는 우선 말씀을 설교하도록 부름받기 때문에 성경을 연구하는 것은 우리의 가장 중요한 책임 중 하나입니다. 우리는 오직 말씀을 흡수한 다음에만 자신 있게 그것을 선포할 수 있습니다. 하나님이 사무엘에게 말씀하시자 사무엘이 들었고, 말씀을 들은 사무엘이 이스라엘 백성에게 말할 때 이스라엘 백성이 사무엘의 말을 들었습니다(삼상 3:19-4:1). 에스겔은 하나님의 말씀을 다른 이들에게 말하기 전에 그 자신이 하나님의 말씀을 삼키고 소화시켜야만 했습니다(겔 3:1).

성경을 가치 있게 여길수록 우리의 성경 연구는 주의 깊고 성실해집니다. 본문이 반드시 그 안의 보물을 열어 보이도록 하려면 시간과 집중이 필요하기 때문입니다. 성경 연구는 반드시 **포괄적**이어야 합니다. 성경을 부분만 읽는 것은 충분치 않습니다. 자신이 특히 좋아하는 구절로 국한하거나 핵심 구절만 현미경으로 들여다보듯 성경을 연구해서는 안 됩니다. 성경을 이렇게 사용하면 마귀의 손에 놀아나게 됩니다. 모든 이단과 거짓 가르침은 어떤 진리를 지나치게 강조하고 다른 진리들이 그것과 균형을 이루지 못하게 함으로써 생겨납니다. 우리는 일반적 결론을 도출하기에 앞서 매우 다양한 구절을 연구해야 합니다. 이렇게 함으로써 건전하고 성경적인 신학이 세워지고, 성경의 큰 주제들이 분명해집니다. 그러고 나면 큰 주제들이 개별 구절 속에서 보입니다. 즉, 부분들에 대한 지식의 도움으로 큰 그림을 보고, 큰 그림의 도움으로 각 부분을 보는 것입니다.

어떻게 하면 성경 전체를 속속들이 알 수 있을까요? 첫걸음을 내딛기에 좋은 도구로 '맥체인 성경 읽기표'가 있습니다. 1842년에 처음 제작된 이 표를 이 책 부록으로 실어 두었습니다. 맥체인 성경 읽기표는 매년 성경을 통독할 수 있도록 도와주는데, 이 계획대로 하면 1년에 구약은 한 번, 신약은 두 번 읽게 됩니다. 아침에 두 장, 저녁에 두 장을 읽어 매일 네 장씩 읽도록 되어 있습니다. 맥체인이 장들을 배정한 방식이 특히 유익합니다. 통독자는 1월 1일에 성경에서 중요한 네 가지 시작과 더불어 성경 읽기를 시작합니다. 창세기 1장(창조물의 탄생), 에스라 1장(이스라엘의 재탄생), 마태복음 1장(그리스도의 탄생), 사도행전 1장(교회의 탄생)이 그것입니다. 이렇게 읽어 나가면서 독자는 하나님의 목적이 전개되는 네 흐름을 동시에 따라가게 됩니다.[24] 맥체인 성경 읽기표는 성경 지형을 탐사하고 성경에서 반복해서 등장하는 기본 주제들을 이해하기 위한 귀한 도구입니다.

우리는 성경을 연구할 때 **겸손해야** 합니다. 하나님의 말씀을 듣고 순종하기를 진정으로 갈망해야 하고 말씀의 의미를 왜곡하거나 말씀이 주는 도전을 회피하려 해서는 안 됩니다. 이것이 어떻게 가능할까요? 어떻게 어느 한 문화에서 자란 제가 다른 고대 문화 안에서 주어진 특정 성경 본문을 취하여 그 메시지를 왜곡하지 않고 해석할 수 있을까요? 두 문화 사이의 거리를 우리는 어떻게 다루어야 할까요?

먼저 지식과 상상력을 동원하여 성경 저자의 상황 속으로 들어가야 합니다. 성경 저자가 생각한 것을 생각하고, 성경 저자가 느낀 것을 느껴야 합니다. 우리의 소임은 성경 저자가 쓴 내용에 우리의 견해를 부여함으로써 그의 견해를 우리의 견해에 맞추는 것이 아니라 그의 마음과 생각 속으로 수고하여 들어감으로써 우리의 견해를 그의 견해에 맞추는 것입니다. 이를 위해 성경 저자의 상황을 그려 볼 수 있는 통찰 이상의 것이 필요합니다. 즉, 우리 자신의 상황을 파악할 수 있는 통찰이 필요합니다. 우리가 성경 본문에 접근할 때 아무런 사전 지식이나 문화적 편견 없이 객관적이며 공정한 탐구자로 다가가는 것이 아닙니다. 전혀 그렇지 않습니다! 성경을 볼 때 우리가 사용하는 독서 안경에는 문화라는 안경알이 끼워져 있습니다. 그리고 성경을 생각할 때 우리의 머릿속은 아무리 비워 내도 결코 비워지지 않습니다! 머릿속은 문화적 편견으로 가득 차 있습니다. 이런 것에서 결코 벗어날 수 없더라도 인식은 반드시 하고 있어야 합니다. 우리는 성경을 인문주의나 마르크스주의, 자본주의 같은 세상의 관점과 철학으로 해석하지 않도록 진지하게 기도해야 합니다.

우리가 성경으로 가져가는 질문과 성경에서 얻을 것으로 기대하는 답변 모두 우리의 문화적 배경에 의해 형성됩니다. 로잔 세계 복음화 협의회의 윌로우뱅크 보고서는 "그러나 우리가 돌려받는 것은 답변만이 아니고 더 많은 질문일 것이다.…우리는 문화적으로 형성된 우리의 가정이 도전을 받고 우리의 질문이 교정되고 있음을 알게 된다. 사실상 우리는 이전 질문을 재구성하고, 새로운 질문을 하지 않을 수 없다"라고 선언합니다.[25] 우리는 듣고 싶지 않은 것도 들을 수 있을 만큼 마음을 활짝 열어야 합니다. 그것이 우리를 불편하게 할지라도 하나님이 우리에게 하실 말씀은 그분이 결정하시도록 우리의 생각을 기꺼이 내려놓아야 합니다. 그분이 말씀하시는 것은 무엇이든 들을 수 있도록 문화의 장벽을 허물고, 마음과 생각을 열고자 힘껏 노력해야 합니다.

셋째로 우리는 **기대**를 가지고 성경을 연구해야 합니다. 애석하게도 비관주의는 기대하지 못하게 합니다. 성경 해석이 너무 복잡해 보여서 하나님의 말씀에 대한 참되고 균형 잡힌 이해를 과연 얻을 수 있을까 비관할 수 있습니다. 하지만 성경은 우리같이 평범한 사람이 읽도록 쓰인 책입니다. 고린도전서에 나오는 교리와 도덕, 교회 질서에 관한 모든 깊은 가르침을 생각해 보십시오. 고린도전서는 "육체를 따라 지혜로운 자가 많지 아니[한]"(고전 1:26) 기독교 공동체를 대상으로 쓰였습니다. 인내심을 가지십시오! 하나님은 우리가 성경을 성실히 연구할 때 이해할 수 있게 해 주실 것입니다.

영적 침체도 우리의 기대를 가로막습니다. 영적 침체는 모든 목회자에게 커다란 문제가 될 수 있습니다. 성경 전체를 매년 통독하다 보면 몇 년 후에는 자신이 성경을 매우 잘 안다고 느끼게 됩니다. 하나님이 성경을 통해 우리에게 말씀하실 것이라는 생생한 기대 없이 매일 성경을 읽을 수 있습니다. 그러나 하나님이 "그분의 거룩한 말씀을 통해 드러내실 빛과 진리가 더" 있음을 신뢰해야 합니다.[26] 하나님이 이사야에게 그러신 것처럼 우리의 귀도 깨우쳐 달라고 구해야 합니다(사 50:4). 사무엘처럼 우리도 "말씀하옵소서, 주의 종이 듣겠나이다"(삼상 3:10)라고 말해야 합니다. 우리는 "지식을 불러 구하며 명철을 얻으려고 소리를 높이며 은을 구하는 것같이 그것을 구하며 감추어진 보배를 찾는 것같이 그것을 찾[아야]" 합니다. 그러면 "하나님을 알게 되[고]" 이해하게 될 것입니다(잠 2:3-5). 계속 노력해야 합니다. 야곱처럼 하나님께 매달려 그분이 우리를 축복하지 않으면 가시지 못하게 해야 합니다(창 32:26). 하나님은 이러한 열정적 자세와 확고한 기대를 귀하게 보십니다. 하나님은 주리는 자에게 좋은 것으로 채워 주시겠다고 약속하십니다. 그분이 빈손으로 보내는 자는 스스로 만족하는 사람뿐입니다(눅 1:53). 그러므로 우리는 영적 침체를 당연한 일 또는 허용할 수 있는 일인 것처럼 생각하고 그것에 굴복해서는 안 됩니다. 성령이 우리 안에 기대의 불을 다시 지피시도록 기도해야 합니다.

성경은 언제나 그 자체로 우리의 교과서이지만 성경 이해에 도움을 주는 모든 것을 활용해야 합니다. 우리가 얼마나 폭넓게 책을 읽을 수 있는가는 좋은 책을 이용할 수 있는 환경, 우리가 가진 시간, 흥미나 필요에 따라 좌우됩니다.

새로운 책뿐 아니라 오래된 책, 특히 지난 세월 동안 검증된 기독교 고전을 읽는 것이 현명합니다. 기독교 고전 중 일부는 성경 응용 프로그램에 포함된 경우도 많고, 아니면 전문을 인터넷에서 구할 수도 있습니다. 이런 책은 최근에 나온 인기 있는 책보다 더 유익할 때가 많습니다. 그러나 성도들이 현대 저작을 읽도록 안내하는 것도 중요합니다. 역사신학에 관한 일정 수준의 지식이 있으면 최근 유행하는 교리들을 바라볼 때 도움이 되는 배경을 파악할 수 있습니다. 새로운 진리 또는 이설은 많지 않습니다. 대부분 과거의 견해를 새로운 방식으로 표현한 것에 불과합니다. 또한 전기를 읽으면 균형 감각, 지혜, 격려를 얻을 수 있습니다. 하나님이 다른 시대와 장소에서 그리스도인을 어떻게 다루셨는지 알 수 있기 때문입니다. 이 모든 독서에서 우리의 목표는 지식을 쌓는 것보다는 기독교적 사고를 함양하는 데 있습니다.

책은 값이 비쌉니다. 좋은 공공 도서관이 근처에 있다면 그곳을 이용하십시오. 도서관이 상호 대차 서비스를 제공하는지 알아보십시오. 상호 대차가 가능하면 거의 모든 도서를 요청할 수 있습니다.

인터넷으로 논문과 학술지를 읽되 출처가 믿을 만한지 주의 깊게 확인해야 합니다. 전자책은 이미 일부 독자에게 유익을 주고 있고 앞으로 더 널리 이용될 것입니다. 지역 교회가 대출 및 열람 도서관을 만든다면 이상적일 것입니다. 목회자들이 서로에게 그리고 교회 성도에게 책을 빌려주는 것도 좋습니다. 필수 참고 도서, 특히 반복해서 참고할 사전과 주석서를 모으는 데 집중하시기 바랍니다.[27] 자신이 속한 문화를 반영해 쓴 책이라면 더욱 좋습니다. 단권으로 된 『아프리카 성경 주석』(Africa Bible Commentary),[28] 『남아시아 성경 주석』(South Asia Bible Commentary), 『라틴아메리카 성경 주석』(Latin America Bible Commentary), 『아랍 현대 성경 주석』(Arabic Contemporary Commentary) 등이 이에 해당합니다.

또한 목회자 모임과 설교자 모임에서 최대한 유익을 누려야 합니다. 이런 모임을 통해 서로 격려하며 성경을 연구해야 합니다. 가장 유명한 예로 노예 상인이었다가 목사가 된 존 뉴턴(John Newton)이 1783년에 시작한 성경 공부 모임이 있습니다. 이 모임에서는 차를 마시고 기도를 드린 뒤 "제시된 주제에 관해 약 세 시간 동안" 토론했습니다. 뉴턴은 이 모임을 왕립 학회로 불러야 한다고 말했는데, 참여자 모두가 왕이신 하나님 가문의 구성원이고 "왕이 자신을 낮추어 친히 우리를 만나러 오신다"는 이유에서였습니다.[29] 지금도 이런 모임이 세계 곳곳에서 계속되고 있습니다. 참여자들은 성경에서 배운 것을 나누고 더 나은 설교자가 되도록 서로를 돕습니다.

현대 세계

그러나 성경과 신학을 연구하는 것만으로는 좋은 설교를 할 수 없습니다. 성경과 신학은 설교에 핵심 기초를 제공하지만 현대사회를 연구하지 않으면 우리는 협곡의 한편에 지독하게 고립될 수 있습니다. 오늘날의 세계에 대한 연구는 책이 아니라 사람에서 시작됩니다. 최고의 설교자들은 언제나 자신이 섬기는 성도와 지역 사람들을 아는 부지런한 목회자들이었습니다. 이들은 삶의 고통과 쾌락, 영광과 비극을 이해했습니다. 이러한 이해를 가장 빨리 얻는 방법은 우리의 입을 닫고(어떤 설교자들에게는 쉽지 않은 일입니다!) 눈과 귀를 여는 것입니다. 하나님이 우리에게 눈과 귀는 둘씩 주셨지만, 입은 하나만 주신 이유가 말하기보다 보기와 듣기를 두 배로 하도록 의도하셨기 때문이라는 말도 있지 않습니까!

우리는 사람들에게 질문을 하고 그들이 말하게끔 해야 합니다. 성경에 대해서는 우리가 그들보다 더 많이 알겠지만 세상에 대해서는 그들이 우리보다 더 많이 알 것입니다. 따라서 우리는 그들이 자신의 집과 가정생활, 직업, 전문 분야와 관심 분야에 대해서 말하도록 권해야 합니다. 이들의 생각도 들을 필요가 있습니다. 기독교 신앙이 어떻게 이들의 삶에 동기를 부여하는지, 어떤 문제가 이들의 신앙을 가로막고 신앙을 삶에 적용하지 못하도록 방해하는지 들어야 합니다. 사람들의 배경이 다양할수록 알아야 할 것이 더 많습니다. 다양한 세대에 귀 기울이십시오. 다양한 문화에 귀 기울이십시오. 이렇게 겸손히 귀 기울이는 자세가 반드시 필요합니다. 성경에 대한 우리의 지식과 세상에 대한 다른 사람들의 지식이 합해져 다리를 만들고, 우리의 설교에 적실성을 갖추게 해 줍니다.

이에 더해 우리는 신문과 시사 잡지를 읽고, 인터넷이나 라디오 뉴스의 심층 보도를 지켜보고, 텔레비전을 시청하고, 가능하면 회중에게 가장 큰 영향을 미치고 있는 책을 읽어 보아야 합니다. 사회를 반영하는 좋은 영화나 연극을 골라 보는 것도 좋습니다.

그러나 죄를 범하는 눈, 손 또는 발에 대한 예수님의 가르침은 여전히 유효합니다(마 5:29-30). 그러므로 책을 읽거나 연극 또는 영화를 보기 전에 신중히 조사하는 것이 현명합니다. 적그리스도의 정신이 위험하고 교묘하게 담긴 작품이라면 작품과 거리를 둘 수 있게 도와줄 친구들과 함께 보는 것이 좋습니다. 이렇게 하면 작품의 분위기에 빠져드는 것을 피할 수 있습니다.

자신이 영적 오염을 견딜 만큼 강하다고 생각해도 형제나 자매의 약한 양심을 반드시 고려하고 이들이 실족하게 해서는 안 됩니다. 따라서 만일 우리가 연극이나 영화를 보러 가는 것을 불편해하는 성도가 있다면 인내하며 건전한 교리를 가르쳐 이들의 양심을 깨우치거나 혹은 '강하게' 하는 것은 우리의 몫입니다. 우리가 시대정신과 협력하는 것이 아니라 우리 설교가 적실성을 갖도록 시대정신을 이해하고자 노력하는 것임을 분명히 해야 합니다.

독서 모임 및 전문가 집단

현대사회를 더 잘 이해하기 위해 우리는 또 무엇을 할 수 있을까요? 저는 제가 대학 졸업생과, 직장인, 대학원생 십여 명으로 구성된 작은 독서 모임에 여러 해 동안 참여하면서 엄청난 유익을 누렸다는 점을 자신 있게 말할 수 있습니다. 한 달에 한 번 모일 때마다 우리는 다음 모임에서 읽을 책을 정했습니다. 저녁 시간을 함께 보내며 책에 대한 의견을 나누고, 책의 메시지와 함의를 토론하고, 책에 대한 기독교적 답변을 시도해 보았습니다. 기독교적 관점에서 쓰인 책도 있었지만 우리는 비종교 서적을 읽는 데 초점을 두었습니다. 비기독교적 사고를 이해하는 데 도움을 얻는 것이 모임의 주된 목적이었기 때문입니다.

저는 이 방식을 추천합니다. 거의 모든 교회 공동체에는 때때로 목회자와 만나 교회와 세상, 기독교적 사고와 비기독교적 사고, 예수 그리스도와 그분과 경쟁하는 것들 사이의 관계를 논의할 수 있는,

생각이 깊은 사람들이 분명 있습니다. 또한 주요 분야의 전문가들로 이루어진 전문가 집단도 바쁜 목회자에게 대단히 큰 유익을 줍니다.

연구 습관

우리는 고대의 본문과 현재의 상황, 성경과 문화, 말씀과 세상 양편을 모두 공부해야 합니다. 이는 방대한 과업이고 공부하는 데 평생이 걸릴 것입니다. 어떻게 이것을 이룰 수 있을까요? 과거에 목회자들은 주의를 흩뜨리는 일을 피함으로써 공부를 감당할 수 있었습니다. 런던에 있는 시티 템플 교회의 초대 목사였던 조지프 파커(Joseph Parker)는 매일 아침 7시 30분에 공부를 시작했고, 공적 생활이나 공무에 참여하기를 거부했습니다. 파커는 말합니다. "저는 연구를 위해 살았습니다. 그게 전부예요. 만일 제가 한 주 내내 떠들었다면 주일에는 설교할 수 없었을 겁니다. 그게 전부예요. 제가 위원회 회의에 참석하고 정치에 몰두했더라면…저는 고갈되었을 겁니다. 그게 전부예요."[30] 신학 교육도 받지 않고 대학 학위도 없던 캠벨 모건(Campbell Morgan)은 매일 아침 6시면 서재에 있었습니다.[31] 하루를 일찍 시작하면 도움이 됩니다. 그러나 잡무와 가정일과 함께 있을 때 우리는 아주 다른 세상에 살고 있는 듯합니다.

연구를 이상적으로 할 수 없다고 아예 포기해서는 안 됩니다. 좀

더 현실적인 목표를 세우면 됩니다. 연구 시간을 짧게 여러 차례 갖는 것이 저에게는 유익했습니다. 저는 목회자가 너무 바빠서 설교 준비 시간과 개인 성경 공부 및 기도 시간 외에는 독서를 위해 하루에 한 시간도 내지 못한다는 말을 믿기 어렵습니다. 대부분의 목회자는 깊은 연구를 위해 일주일에 네 시간 정도는 따로 떼어 놓을 수 있을 것입니다. 이렇게 하려면 주간 일정에서 이 시간을 다른 일에서 완전히 차단하고, 긴급 상황이 아니면 이 시간이 침범되지 않도록 하는 훈련이 필요합니다. 회중에게 이 시간의 필수적 가치를 알려 주어야 합니다. 설교자의 연구가 열매 맺는 것을 볼 때 대체로 회중은 이 시간을 존중하게 됩니다.

적어도 한 달에 한 번 고요하게 하루를 보내는 것 또한 말할 수 없이 큰 유익이 됩니다. 저는 스물아홉 살에 올 소울즈 교회 관할 사제가 되었는데, 그렇게 큰 책임을 감당하기에는 너무 어렸고 경험도 없었습니다. 저는 하루하루를 간신히 버텼습니다. 어떤 일이든 쌓여만 가서 감당하기 힘든 지경이 되었고, 행정 업무의 무거운 짐에 짓눌렸습니다. 저는 전형적인 목회자의 악몽을 꾸기 시작했습니다. 강단 계단을 반쯤 올라갔을 때 깜빡 잊고 설교 준비를 하지 않았음을 깨닫는 꿈 말입니다! 그러던 차에 목회자 수련회에서 윌킨슨(L. F. E. Wilkinson) 신부님의 강연을 들었습니다. 윌킨슨 신부님은 "한 달에 한 번 고요하게 하루를 보내십시오"라고 말했습니다. "가능하다면 교외로 나가십시오. 누구에게도 방해받지 않으리라 확신할 수 있는 곳으로 가셔야 합니다. 한 걸음 물러서서 앞을 바라보고 여러분이 어디로 가고 있는지 생각하십시오. 하나님의 생각과 관점 속으로 빠져들도록 자신을 내려놓으십시오. 하나님이 보고 계신 것을 보려고 노력하십시오. 힘을 빼십시오!" 저는 그대로 했습니다. 집에 오자마자 다이어리에 한 달에 하루씩 '고요한'(quiet)을 나타내는 'q'자를 표시해 두었습니다. 이 고요한 하루들을 누리기 시작하면서부터 견딜 수 없던 짐이 가벼워졌고, 다시는 무겁지 않았습니다. 이 고요한 날들은 참으로 소중한 시간이 되었고, 지난 여러 해 동안은 일주일에 하루를 이렇게 보내려고 애썼습니다. 이 날을 활용해서 서두르면 안 되는 일, 중간에 방해를 받으면 안 되는 일을 했습니다. 장기 계획, 특정 문제에 대한 깊은 고민과 기도, 어려운 서신 작성, 설교 준비, 독서와 글쓰기 등을 했습니다. 고요하게 보낸 하루는 제 삶과 사역에 크나큰 유익을 주었습니다.

또한 모든 교회는 목회자가 개인 피정 시간을 보내도록 적어도 일 년에 한 주는 사역에서 놓아주어야 합니다. 7일을 2일, 3일 등으로 나눌 수도 있을 것입니다. 목회자가 이 피정 시간을 잘 사용한다면, 그 유익이 목회자의 가르침을 받는 회중의 유익으로 이어질 것입니다. 가족 휴가 기간에도 읽고, 생각하고, 토론할 시간을 어느 정도는 낼 수 있을 것입니다.

이 시간은 연구와 일반 독서에 절대적으로 필요한 최소 시간입니다. 아무리 바쁜 목회자라도 이 정도의 시간은 내어야 하고, 다른 많은 목회자는 그 이상의 시간을 내야 합니다. 매일 한 시간, 매주 네 시간, 매달 하루, 매년 한 주, 이 최소한의 시간이 쌓입니다. 너무 적은 시간 같고 실제로도 그렇지만 이것을 실천하는 사람은 누구든지 이처럼 절제된 틀 안에서 얼마나 많은 독서가 가능한지 경험하고는 놀랍니다. 이 시간을 모두 합하면 1년에 600시간입니다.

어떤 공부 습관을 들이건 공부의 열매를 거두는 일이 가장 중요합니다. "설교자는 다람쥐와 같아야 합니다. 다가올 겨울을 대비해 식물을 모으고 저장하는 법을 배워야 합니다."[32] 책을 읽는 모든 사람은 자기만의 방식을 정해 책에 표시를 하거나, 밑줄을 긋거나, 메모를 해야 합니다. 나이가 들면 기억하는 데 도움을 줄 수단이 반드시 필요해집니다. 어느 중요한 책의 주제가 참신하다고 생각될 때 그 책의 논지를 간단히 요약해 두는 것도 제게는 도움이 되었습니다. 또한 저는 읽으면서 인상 깊었던 몇 구절을 적어 두려고 노력합니다. 이런 구절들을 구멍이 두 개 뚫린 카드에 적어 놓으면 카드를 문서 보관함에 보관할 수도 있고 링 바인더에 끼워 둘 수도 있습니다. 저는 서류철이 둘 있는데 하나는 창세기에서 요한계시록순으로, 다른 하나는 알파벳순으로 정리하였고, 각 카드는 찾아보기 가장 쉬운 곳이나 적어도 가장 잊어버리지 않을 만한 곳에 철해 두었습니다다. 이 체계는 간단하면서 융통성이 있어서 유용했습니다. 보통 설교 한 편을 카드 네 장에 기록할 수 있고 여기에 적절한 인용문이나 예화가 담긴 다른 카드를 추가할 수 있었습니다. 목회를 다시 시작한다고 해도 저는 이 방법을 선택할 것입니다.

컴퓨터를 사용한다면 다양한 문서 정리 프로그램을 활용해 자료를 정리할 수 있습니다. 인용문과 예화는 인터넷이나 전자 자료 시스템에서 개인 컴퓨터로 직접 내려받을 수도 있습니다.

연구의 장애물

어떤 목회자들은 할 일은 지나치게 많은데 사람이 부족해서 공부할 시간이 없다고 주장할지도 모릅니다. 이런 주장 뒤에는 대부분 목회자의 역할에 대한 그릇된 생각이 숨어 있습니다. 만약 목회자가 모든 고삐를 쥐고 있고 평신도 지도자와 책임을 나누는 것에 대한 개념이 없다면 당연히 공부할 시간이 없을 것입니다. 그러나 신약성경은 교회를 그리스도의 몸으로 묘사하며, 이 몸의 모든 지체는 은사를 받았습니다. 이 개념을 이해한 목회자는 하나님이 사람들에게 주신 은사를 지속적으로 찾을 것입니다. 사람들이 은사를 깨닫고, 개발하고, 발휘하도록 격려할 것입니다. "각각 은사를 받은 대로 하나님의 여러 가지 은혜를 맡은 선한 청지기같이 서로 봉사하라"(벧전

4:10). 사도들과 마찬가지로 목회자들도 "기도하는 일과 말씀 사역"으로 부름받았습니다(행 6:4). 그 어떤 것도, 심지어 아주 좋은 것이라도 그것 때문에 기도와 말씀 사역을 못하게 되면 안 됩니다. 많은 성실한 이가 사도들이 피하려고 한 실수를 저지르는 것이 너무나 안타깝습니다. 그들의 열심과 헌신과 열정을 의심할 수는 없지만 그리스도의 몸은 그런 식으로 성장하고 성숙하지 않습니다.

그 외에 또 무엇이 공부를 방해합니까? 주의를 산만하게 하는 것들이 있습니다. 컴퓨터와 전화를 항시 휴대하게 되면서 우리 모두는 너무나 쉽게 이것들이 사색과 명상에 할애해야 하는 시간을 갉아먹도록 허용합니다. 전화와 문자 메시지, 이메일, 또는 그저 인터넷이 제공하는 수없이 많은 기회가 우리의 주의를 흩어뜨립니다. 인터넷상에는 유혹도 도사리고 있습니다. 마우스 클릭 한번이면 음란물이 나옵니다. 하나님과 독대할 시간을 마련하려면 전자 기기의 전원을 끄는 훈련이 필요합니다.

솔직히 말해서 공부의 궁극적 장애물은 게으름입니다. 사람들은 자기가 감히 게으를 수 있을 만큼 게으르다고 랠프 월도 에머슨(Ralph Waldo Emerson)이 말하지 않았습니까? 이 말은 사실입니다. 목회자도 다른 사람과 다를 바 없이 게으를 수 있습니다. 우리의 사역은 대개 감독을 받지 않기 때문입니다. 우리는 고정 업무도 많지 않고 그것을 해야 하는 시간도 정해져 있지 않으며 자기 스스로 일정을 관리합니다. 그래서 하루하루를 낭비하다가 삶의 규율이 사라지는 지경에 이르러 다른 사람까지 우리의 게으름을 알게 되는 고통을 겪을 수도 있습니다.

그러나 위대한 하나님의 사람들은 절제된 삶을 살았고 많은 시간을 기도와 공부에 할애했습니다. 그러므로 우리는 끊임없이 반성하고 자신의 삶과 시간을 절제 있게 쓰겠다는 결심을 새롭게 해야 합니다. 그리스도와 그분의 명령을 끊임없이 새롭게 바라볼 때에만 우리는 게으름에서 구출되고, 우선순위를 바로잡게 됩니다. 이로써 우리는 시간을 내어 읽고 생각하게 될 것이고, 성경에 충실하며 시대에 적실한 새로운 설교를 하게 될 것이며, 그러면서도 그 설교는 사람들이 이해할 수 있을 만큼 쉬울 것입니다.

5
설교 준비하기

설교 준비에 신경을 쓰지 않기로 결정한 어느 젊고 게으른 설교자가 있었습니다. 그는 똑똑하고 언변이 좋았으며, 그의 청중은 무지했습니다. 그래서 그는 설교를 준비하지 않고도 어지간히 잘 버텼습니다. 양심을 잠재우고자 그는 언제나 준비 없이 성령을 신뢰하면서 설교하겠다는 서약을 했습니다. 그날이 오기 전까지는 모든 것이 순조로웠습니다. 그러던 어느 주일 아침, 예배 시작 몇 분 전 뜻밖에도 휴무를 맞은 주교가 그 교회에 왔습니다. 예상치 못한 주교의 방문에 신부는 당황했습니다. 무지한 회중은 용케 속였어도 주교를 속일 자신은 없었던 것입니다. 그래서 그는 주교에게 다가가 인사하면서 자신이 했던 서약을 이야기하고 주교가 설교를 비판하지 않길 바랐습니다. 주교는 수긍하는 듯했고, 예배가 시작되었습니다. 그런데 설교 도중 주교가 자리에서 일어나서 예배당을 나가 버렸습니다. 예배를 마친 신부는 자신의 책상에서 주교가 휘갈겨 쓴 메모 한 장을 발견했습니다. "내가 당신의 서약에서 당신을 해방합니다!"

또 다른 설교자의 죄는 게으름이 아니라 교만이었습니다. 그는 교회 옆 사택에서 교회까지 걸어오는 몇 분 동안 주일 설교를 준비할 수 있다고 자랑했습니다. 장로들이 어떻게 했을까요? 교회에서 8킬로미터 떨어진 곳에 사택을 새로 구입해 주었습니다!

또 다른 설교자도 설교 준비를 하지 않았는데, 게으르거나 교만해서가 아니었습니다. 이 설교자의 문제는 초영성주의(super-spirituality)

였습니다. 그는 성령을 의뢰했고, 친구들이 따져 물으면 예수님의 말씀을 인용하곤 했습니다. "어떻게 또는 무엇을 말할까 염려하지 말라. 그때에 너희에게 할 말을 주시리니 말하는 이는 너희가 아니라 너희 속에서 말씀하시는 이, 곧 너희 아버지의 성령이시니라"(마 10:19-20). 안타깝게도 그는 "너희를 넘겨 줄 때에"라고 쓰인 앞부분은 보지 못했습니다. 그리스도는 교회가 아니라 법정에서 말하는 것에 대해 언급하셨습니다. 이런 상황이라면 변론을 준비할 시간이 없을 수 있습니다. 성령이 우리에게 할 말을 주시는 것은 바로 이런 때입니다. 예수님의 약속은 자신을 변호해 줄 변호사도 없이 감옥에 갇힌 이들에게 큰 위로를 주었습니다. 하지만 너무 게으르거나 너무 교만해서 또는 너무 영성을 중시하여 설교를 준비하지 않는 설교자에게 예수님은 아무런 위로도 주시지 않습니다.

좋은 설교자는 성실하게 설교를 준비합니다. 좋은 설교자는 본문을 연구하고, 명료하게 설명하고자 노력하며, 본문을 청중의 상황에 적용하고, 적절한 예를 찾습니다. 이들의 설교는 수월해 보일지 모르지만 각 설교의 보이지 않는 면에는 평생 동안의 고된 연구와 훈련이 있습니다.

그렇다면 우리는 어떻게 설교를 준비해야 할까요? 정해진 한 가지 답은 없습니다. 설교를 준비하는 방법은 다양합니다. 모든 설교자는 자기 개성과 상황에 맞는 방법을 찾아내야 합니다. 다른 사람의 방법을 무비판적으로 모방하는 것은 잘못입니다. 그렇지만 서로에게서 배울 수는 있습니다. 설교 준비에 포함되는 여러 단계에 대한 제 접근법을 소개합니다.

본문 선정하기

설교할 본문은 어떻게 선택해야 할까요? 성경을 꾸준히 공부하고 공부한 것을 기록해 왔다면 우리의 기억은 차곡차곡 채워진 식료품실처럼 정리되어, 그 안에 성경 본문들이 줄 서서 설교되기를 바라고 있을 것입니다. 다음 네 요소를 고민해 보면 설교 본문을 선택하는 데 도움을 얻을 수 있습니다.

첫째는 **전례**(liturgy)입니다. 기독교의 주요한 세 축일인 대림절, 부활절, 오순절을 중심으로 하는 달력을 따르는 교회들이 있습니다. 이들 교회에서는 축일과 관련한 독서 말씀이 정해져 있어서 각 절기에 회중을 준비하게 하고, 주요 사건들을 상세히 이야기하며, 이 사건들의 함의를 숙고합니다. 이 달력은 성경에 계시된 이야기를 매년 다시 이야기해 줍니다. 달력은 하나님이 어떻게 점차 자신을 창조주이자 아버지로, 육신으로 오신 하나님의 아들로, 성령의 인격과 사역 속에서 계시하셨는지 교회에 상기시켜 줍니다. 독서 말씀이 각 절기에 적합하므로 설교자는 가끔, 또는 자주 독서 말씀 중 하나를 본문으로 삼아도 됩니다. 그러나 이를 무조건 따를 필요는 없습니다. 절기별 독서 말씀은 단순히 그날의 주제를 알려 주는 수단이며, 교회력을 따르지 않는 교회의 설교자에게도 도움을 줄 수 있습니다. 제임스 스튜어트(James Stewart)는 다음과 같이 말합니다.

교회력에서 매우 중요한 절기인 대림절, 성탄절, 사순절, 성금요일, 부활절, 성령강림절[오순절], 삼위일체주일 등은 우리에게 방향을 정해 주고, 기본 주제를 제시한다. 이 절기들은 우리가 신앙의 근본 교리에서 멀어지지 않도록 한다. 이 절기들은 시간을 지체하기 쉬운 곁길에서 위대한 구속의 대로로 다시 돌아오도록 우리를 부른다. 이 절기들은 우리가 설교할 때 끊임없이 하나님의 위대한 행위로 돌아오도록 해 준다. 교회는 이 하나님의 위대한 행위를 선포하려고 존재한다.[33]

둘째, **외부 사건**을 고려해야 합니다. 외부 사건은 국가적 사건(예. 선거, 스캔들)이나 공적 논쟁(예. 사형 제도, 실업, 이혼)일 수도 있고, 자연재해(예. 홍수, 기근, 지진)나 다른 참사(예. 비행기 추락, 열차 충돌)일 수도 있습니다. 교회에 온 사람들은 이런 일들을 머릿속에서 간단히 치워 버리지 못합니다. 이들은 예배에 이런 고민들을 가지고 나와서 '주님이 하시는 말씀이 있습니까?' 또는 '그리스도인은 이런 일에 어떻게 대응해야 합니까?'라고 묻고 있습니다. 설교자는 회중의 생각 속에 있는 중요한 공적 문제들에 민감해야 합니다.

셋째, **목회적** 요소가 있습니다. 이것은 우리가 성도의 영적 순례를 보며 발견하는 필요입니다. 훌륭한 설교자는 언제나 좋은 목회자라는 말이 있는데, 옳은 말입니다. 좋은 목회자는 자기 성도의 필요, 문제, 의심, 두려움, 소망을 알기 때문입니다. 회중에게 성경 어느 부분을 더 잘 알고 싶은지, 인생의 어떤 문제에서 성경의 분명한 답변을 얻기 원하는지 묻는 것이 바람직합니다. 평신도 지도자나 다른 사역팀 지도자들을 권하여 설교 주제 등을 제안하게끔 해야 합니다. 가능한 주제가 많이 있습니다. 교리 강좌(예. 하나님의 성품)나 실천에 관한 설교(예. 제자도, 십계명), 주제 설교(예. 인도하심, 기도)를 할 수도 있고, 성경 각 권을 끝까지 설교할 수도 있습니다. 이때는 한 장이나 한 단락씩 강해하고, 본문이 짧은 경우 한 절씩도 강해합니다.

넷째, **개인적** 요소가 있습니다. 타인에게 하는 설교 가운데 최고의 것은 먼저 자신에게 했던 설교입니다. 하나님이 어느 성경 본문을 통하여 우리에게 친히 말씀하셔서 우리가 그 본문을 분명히 깨닫고 유익을 얻으면, 이런 통찰과 복을 나누어야 한다는 생각이 듭니다. 모든 설교가 개인적 경험에서 비롯해야 한다는 말이 아닙니다. 우리 가운데는 결혼하지 않았지만 결혼을 설교하는 이도 있고, 결혼했지만 이혼을 설교하는 이도 있습니다. 그리고 우리 모두는 죽기 전에 죽음을 설교해야만 합니다! 그러나 깊은 개인적 확신에서 나오는 설교에는 제임스 스토커(James Stalker)가 "경험의 혈흔"이라고 부른 강렬함이 있습니다. 스토커는 또한 "진리는 그것을 자신의 수고와 고통으로 배운 것처럼 말하는 이에게서 나올 때 두 배, 세 배 더 진실이 된다"라고 말했습니다.[34] 우리는 항상 수첩을 곁에 두고 있다가 빛이 비추고 무언가 선명히 보일 때 깨달은 바를 기록해야 합니다.

이 네 요소를 기초로 삼아 성경 저자의 생각이 담긴 단위 하나를 선택할 수 있습니다. 이 생각의 단위는 한 절보다 길고 대개 한 단락 이상입니다. 하나님이 주신 성경은 책들로 이루어져 있으므로 장기적으로 가장 좋은 전략은 성경 한 권에 담긴 생각의 단위들을 차례대로 이어서 설교하는 것입니다. 이렇게 하면 책에 담긴 진리와 목적을 맥락에 맞게 강해할 수 있고, 성경 저자의 논증을 반영할 수 있습니다.

본문 연구하기

이제 설교 준비의 둘째 단계로 넘어갈 채비를 다 했습니다. 이 단계는 시간이 필요하니 되도록 일찍 시작해야 합니다. 본문을 빨리 선정할수록 본문에서 보화를 캐낼 시간이 더 많아집니다. 이 단계에는 본문을 되풀이해서 읽는 과정이 포함됩니다. 디트리히 본회퍼(Dietrich

Bonhoeffer)는 설교 본문을 날마다 숙고하면서 "그 안으로 깊숙이 들어가서 그것이 말하는 바를 진정으로 들으려 애썼[습니다]."[35]

본문이 처음 선포되거나 기록되었을 때의 의미를 파악하는 것이 매우 중요합니다. "어떤 글의 의미란 그 글의 저자가 의도한 의미다"라고 강조한 허쉬(E. D. Hirsch)가 옳습니다.[36] 그러므로 우리는 본문의 단어와 이미지뿐 아니라 본문의 역사적·지리적·문화적 배경에 대해서도 생각하는 훈련을 반드시 해야 합니다. 모든 단어와 구마다 멈춰 서서 서로 어떻게 연결되는지 확인해야 합니다. 일반론과 일반론을 명확히 하기 위해 주어진 구체적 실례를 구분해야 합니다. 또한 장르, 즉 글의 종류도 파악해야 합니다. 시편이나 여러 예언서에서 발견되는 시는 역사서나 편지글과는 서술 기법이 다릅니다. 시에는 가르침뿐 아니라 영감을 주기 위한 이미지와 생생한 단어들이 한데 모여 있습니다.

설교할 중심 생각을 분리하기에 앞서, 보이는 모든 것에 주목하는 위와 같은 방식의 자세한 연구는 매우 중요합니다. 이 작업을 수행하면서 여러분이 본 것을 명료하게 구체화하는 노력을 할 때 다음 여섯 질문이 유용하리라 생각합니다. 이 질문들은 여러분이 성경 본문의 내용과 의도에 충실하도록 도와줄 것입니다.

1. 본문이 속한 맥락에서 본문의 기능은 무엇인가? 이를테면 본

문은 명령, 예시, 설명, 약속 중 무엇인가? 혹은 이러한 것들을 합쳐 놓은 것인가? 이 질문은 극히 중요한데, 우리는 단지 본문이 하는 말뿐 아니라 본문이 하고 있는 일을 설교에 반영하고 싶기 때문입니다.

2. 본문의 주요 내용은 무엇인가? 어떤 단어 또는 구가 이 주제를 가장 잘 담고 있는가?

3. 이 주제에 관한 저자의 주장은 무엇인가? 본문 나머지 부분은 모두 어떤 식으로든 이 중심 주제와 반드시 연결되어야 합니다.

4. 성령은 우리가 어떻게 반응하기를 원하시는가? 첫째 질문에 대한 답이 실마리를 제공합니다. 본문이 명령이라면 순종이 요구됩니다. 우리는 이 순종에 무엇이 포함되는지 판단해야 합니다. 본문이 설명이라면 우리는 믿음에 이르게 하는 이해를 얻어야 합니다. 이 질문에 대한 우리의 답이 단순한 추측이나 우리 자신의 경험에 기초하지 않도록 반드시 주의해야 합니다. 성령이 우리에게 원하시는 반응을 성경 본문과 본문이 속한 맥락이 설명하도록 해야 합니다.

5. 이 본문은 이런 반응을 어떻게 이끌어 내는가? 예를 들면 저자는 (바울이 로마서에서 하듯) 논증을 제시하는가, 아니면 (시편 23편에서처럼) 생생한 그림을 그리는가? 훌륭한 설교자들은 이 질문에 대한 답을 열쇠 삼아 어떻게 청중의 반응을 이끌어 낼지 결

정합니다. 이들은 본문으로 하여금 본문이 원하는 것을 하게 합니다!

6. 이 본문이 구원 역사, 거시적인 구속의 드라마에는 어떻게 들어맞는가? 우리는 본문이 성경의 줄거리에 어떻게 기여하는지, 그리하여 어떻게 그리스도를 가리키는지 이해해야 합니다.

이러한 질문에 대한 정확한 답을 얻었다면 적어도 성경에 충실한 설교를 막는 장애물 중 일부는 제거한 것입니다. 본문이 하는 말과 하는 일을 파악하면 본문이 말하는 주제가 무엇인지, 이 주제에 관해 어떤 말을 하는지, 어떤 반응을 요청하는지, 이 반응을 어떻게 불러일으키는지, 하나님의 구원 사역이라는 큰 그림에는 무슨 기여를 하는지 알게 됩니다. 반면 이런 것을 파악하지 못하면 그저 우리 머릿속에 떠오른 것을 설교하기 쉽습니다. 즉, 본문이 말하고 일하도록 하나님이 의도하신 것 대신 본문을 읽을 때 우연히 생각난 것을 설교하게 됩니다.

본문 숙고하기

다음으로 우리는 반드시 시간을 들여 본문을 숙고해야 합니다. 본문이 마음에 감동을 줄 때까지 본문을 묵상해야 합니다. 목자들이 말한 모든 것을 "마음에 새기어 생각[한]"(눅 2:18-19) 예수님의 어머니 마리아처럼 본문을 거듭 숙고해야 합니다. 우리는 벌이 꽃에서 꿀을 추출하듯이 본문에서 감미로움을 추출해야 하고, 개가 뼈다귀를 물어뜯듯이 본문을 물어뜯어야 하며, 아이가 오렌지즙을 빨아 마시듯이 본문을 빨아 마셔야 하고, 소가 되새김질하듯이 본문을 되새겨야 합니다.

이렇게 하는 동안 우리는 계속 기도해야 합니다. 진리의 영이 빛을 비추어 주시기를 하나님께 겸손하고 간절하게 요청해야 합니다. 모세처럼 그분의 영광을 우리에게 보여 달라고 간청해야 합니다(출 33:18). 연구가 기도를 대체할 수 없고 기도가 연구를 대체할 수 없습니다. 둘 다 해야 합니다. 무릎을 꿇고 연구에 임하는 것이 도움이 될 수 있습니다. 이 자세는 우리가 성경에 자신을 계시하신 하나님을 예배한다는 것과 우리는 그분 앞에서 미천한 존재라는 것을 상기시켜 줍니다. 다니엘 9장에 훌륭한 예가 나옵니다. 성경 연구(9:2)가 자복하고 간구하는 겸손한 기도로 이어집니다(9:3-19). 주님이 기도를 들으시고 다니엘에게 더 큰 지혜를 주십니다(9:20-23).

숙고하고 기도하면서 깨달은 내용과 추가 질문을 적어 두어야 합니다. 때로는 섬광처럼 깨달음이 찾아옵니다. 이 깨달음을 놓치지 마십시오! 이러한 통찰은 본문의 의미를 청중에게 전달할 때 도움을 줍니다.

개인 연구를 대체할 것은 없지만 다른 이에게서 도움을 얻을 수 없는 것은 아닙니다. 우리는 주석에서 귀중한 통찰을 얻을 수 있습니다. 사역팀이나 소그룹 지도자, 목회자 등으로 이루어진 모임을 청하여 함께 본문을 살피는 것도 유익합니다. 이들은 우리가 보지 못한 것을 보게 해 줄 것입니다.

컴퓨터를 사용해서 본문 연구에 도움을 얻을 수 있습니다. 성경 응용프로그램으로 오래된 주석서를 찾을 수 있고, 단어도 손쉽게 검색할 수 있습니다. 불과 몇 년 전만 해도 여러 시간이 걸리던 일입니다. 인터넷을 사용하면 자료 검색이 너무나 쉬워서 잘못된 정보가 설교에 들어갈 일이 거의 없습니다.

하지만 컴퓨터는 기회뿐 아니라 유혹도 제공합니다. 만일 다른 사람의 설교를 내려받아 그대로 설교하고, 그의 예화와 생각을 가져다 쓴다면 본문에 대한 우리 자신의 연구와 적용이 생략될 수 있습니다. 이런 식의 표절 혹은 설교 절도는 적어도 예레미야 시대만큼이나 오래되었지만(렘 23:30), 여전히 부도덕한 일입니다. 나아가 설교자들은 겨우 절반쯤 이해한 정보만으로 불확실하게 유추하려는 유혹을 받을 수도 있습니다. 또는 자신이 대단히 박식한 사람이라는 이미지를 심어 주려고 노력할 수도 있습니다. 그러나 이는 진실하지도, 바람직하지도 않은 처신입니다.

본문에 대한 지속적이고 개인적인 숙고를 손쉽게 대체할 수 있는 방법은 없습니다.

중심 생각 분리하기

읽기와 기도, 연구로 본문을 계속 숙고하면서 우리는 본문의 중심 생각을 찾아야 합니다. 모든 본문에는 중심 사상(main thought)이나 핵심 개념(big idea) 혹은 요점(main thrust)이 있습니다. 우리는 인내하면서 중심 생각이 분명하게 떠오를 때까지 숙려해야 합니다. "모든 설교는 그 주제가 철저히 단일해야" 하기 때문입니다.[37]

   3장에서 논의한 것처럼 하나님이 자신이 말씀하신 것을 통해 말씀하신다면 '그분이 무엇을 말씀하고 계신가?' '그분의 강조점은 어디에 놓여 있는가?'라고 반드시 자문해야 합니다. 물론 본문을 다룰 때 여러 방법을 수용할 수 있고 그것으로 다양한 교훈을 배울 수 있습니다. 예를 들면 사랑은 희생적 섬김을 통해 드러난다고 가르치기 위해 선한 사마리아인의 비유를 사용할 수 있을 것입니다. 그러나 이 이야기의 요점은 경멸받던 주변인 사마리아인이 독실한 두 유대인이 꺼린 일을 했다는 충격적인 사실입니다. 인종에 초점을 맞췄다는 점, 사랑 없는 모든 종교는 아무리 철저해도 거짓이라는 암묵적 비판, 이 두 가지를 강조하지 않고서 이 비유를 정확히 논의하기란 불가능합니다. 모든 본문에는 다른 것보다 우선시되는 요점이 있습니다. 우리는 반드시 정직한 자세로 이 요점을 발견해야 하고 자신의 해석이나 강조를 본문에 더하려는 유혹을 물리쳐야 합니다.

강의와 다르게 설교는 오직 하나의 중심 메시지만을 전달해야 합니다. 강의자는 수업 중에 너무 많은 정보를 전달하기 때문에 강의를 듣는 학생은 필기를 해야 합니다. 하지만 설교는 매우 다릅니다. 자기 백성을 향한 하나님의 살아 있는 말씀인 설교는 바로 그 시간, 그 자리에서 듣는 이들에게 영향을 주어야 합니다. 청중이 내용을 세세히 기억하지는 않을 것입니다. 그것을 기대하면 안 됩니다. 하지만 청중은 중심 생각은 기억할 것입니다. 왜냐하면 설교의 모든 세부 내용이 설교의 메시지를 이해하고, 설교의 능력을 경험하며, 설교에 반응하는 것을 돕게끔 구성되었기 때문입니다.

> 설교의 주제를 짧고 의미심장하며, 수정만큼이나 맑은 문장 하나로 표현할 수 있기 전까지…모든 설교는 선포될 준비가 되지 않은 것이다. 나는 내 연구에서 이 문장을 얻는 것이 가장 어렵고, 가장 고되며, 가장 유익한 일…이라고 생각한다.…나는 이 문장이 구름 한 점 없는 하늘의 달처럼 분명하고 명료하게 떠오르기 전까지는 어떤 설교도 선포되거나, 심지어 작성되어서는 안 된다고 생각한다.[38]

이상적으로 말하면 예배 전체가 설교 주제를 중심으로 구성되어야 합니다. 예배 초반부에 회중의 생각과 마음을 설교 주제를 향해 이끌면서 그 주제를 받아들일 수 있도록 준비시켜야 합니다. 개회 찬송과 예배 찬양, 그리고 중보기도는 좀더 일반적인 주제로 구성할 수 있겠지만 성경 낭독은 설교 주제와 관련이 있어야 합니다. 설교 전의 성가나 찬송도 마찬가지입니다. 설교 후의 찬송은 설교에 대한 우리의 반응을 표현하도록 돕는 것이어야 합니다. 우리는 이러한 반복을 염려하지 말아야 합니다.

설교를 준비하면서 본문의 중심 생각이 스스로를 드러낼 때까지 인내하며 기다리는 훈련을 건너뛰는 일이 있어서는 안 됩니다. 우리는 말씀에 순종하는 겸손한 종이 되기까지 기도하고 숙고하면서 본문 깊숙이 들어갈 준비를 해야 합니다. 그래야 본문을 곡해할 위험이 사라집니다. 또한 이렇게 준비할 때 하나님의 말씀이 우리의 생각을 지배하고, 우리의 마음에 불을 붙이며, 우리 설교를 지휘합니다. 이로써 그분의 말씀이 회중에게 영속적 감동을 줍니다.

내용 구성하기

지금까지 우리는 본문에 관한 여러 생각을 모으고, 본문에서 중심 생각을 분리하기 위해 노력했습니다. 이제 생각을 정리하여, 모든 것이 중심 생각을 가리키도록 만들어야 합니다. 걸작을 만들려는 것은 아닙니다. 우리의 목표는 본문의 중심 생각이 최대한 영향을 발휘하도록, 그래서 그것이 첫 번째 청자(또는 독자)의 삶에서 이루고자 한 바를, 우리의 설교를 듣는 청중의 삶에서도 성취하도록 하는 것입니다.

이를 위한 첫 번째 단계는 **중심 생각과 무관한 생각을 버리는 것**입니다. 말하기는 쉽지만 실행하기는 어렵습니다. 숙고하는 동안 복된 생각과 놀라운 착상이 많이 떠오를 수 있습니다. 이것들을 어떻게든 모두 설교에 넣고 싶을 텐데 이 유혹에 굴복하지 마십시오! 설교 주제와 무관한 내용은 설교의 효과를 약화합니다. 이런 생각들은 다른 쓸모가 있을 것입니다. 그때까지 이 생각들을 남겨 둘 수 있는 분별력이 필요합니다. 반드시 설교 주제에 맞게 재료를 다듬어 중심 생각이 뚜렷하게 드러나도록 해야 합니다. 이를 위해서는 구조와 단어, 실례가 필요합니다.

두 번째 단계는 **자신의 생각을 하나의 구조로 정리하는 것**입니다. 구조가 없는 설교는 살만 있고 뼈는 없는 해파리와 같습니다. 반면 구조가 너무 눈에 띄는 설교는 뼈만 있고 살은 없는 해골과 같습니다. 해파리도, 해골도 좋은 설교는 아닙니다.

설교의 구조는 (너무 기발하면, 이를테면 모든 요점이 똑같은 글자로 시작한다든가 하면) 너무 빤히 보이기도 하고, [리처드 백스터(Richard Baxter)의 설교처럼 요점이 예순다섯 개나 되면!] 너무 복잡하기도 합니다.³⁹ 그 자체를 드러내는 이런 개요는 늘 독자의 주의를 흩어 놓습니다. 개요의 목적은 뼈대의 목적과 같습니다. 자체의 모습은 대부분 감추면서 몸통을 지탱하는 것입니다.

설교자가 청중에게 설교의 구조를 결코 노출해서는 안 된다고 말하는 것이 아닙니다. 구두로 또는 화면에 띄워서 구조를 드러내는 것이 도움이 될 때도 있습니다. 하지만 구조는 단순해야 하고, 구조를 시각적으로 나타낸 자료는 보조 역할에 그쳐야 합니다. 프레젠테이션 슬라이드는 사람과 사람 간의 소통을 너무 쉽게 차단합니다. 회중이 설교자가 아닌 화면을 바라보기 때문입니다.

주의해야 할 둘째 위험은 부자연스러운 구조입니다. 어떤 설교자들은 개요를 억지로 본문에 덧씌워, 진리의 맑은 물을 혼탁하게 만들고 듣는 이를 혼란스럽게 합니다. 설교 개요를 짤 때는 반드시 각 본문으로 하여금 그 본래의 구조를 드러내도록 해야 합니다. 숙련된 강해자는 회중의 눈앞에서 본문이 스스로를 열어 보이도록 합니다. 이것은 장미가 아침 태양을 향해 만개하면서 이전에 감추었던 아름다움을 내보이는 것과 같습니다. 예를 들면 알렉산더 매클래런(Alexander McLaren) 박사는 본문을 "망치로 [건드려서] 그 즉시 본문이 자연스럽고 인상적인 부분들로 쪼개어[지게]" 할 수 있었다고 합니다.[40] 스펄전도 같은 이미지를 사용하면서 설교자는 많은 노력 끝에 마침내 "산산조각으로 부서지면서 반짝이는 [본문을 발견하고] 내부에서부터 극히 진귀한 광채를 발하는 보석들을 지각하게 된다"라고 말합니다.[41]

설교를 구성하는 방법은 여러 가지이고, 본문마다 그 방법이 다릅니다. 한 가지 방식에만 매이지 말고 다양한 기법을 적용해야 합니다. 예를 들면 어떤 경우에는 중심 생각에서 설교를 시작하여 본문에 기초한 각 부분에서 구체적인 결론들을 도출해 낼 수 있습니다. 다른 경우에는 개별 요점들을 다루면서 중심 주제를 서서히 전개하고 끝에 가서야 모든 것을 종합한 결론을 내릴 수도 있습니다. 이 방법은 서사 양식의 본문을 다루는 경우 특히 유용합니다. 이야기의 절정은 보통 끝에 오는데 이것을 시작부터 말하면 우스울 것입니다. 그러나 많은 경우 이런 방법들을 혼용할 수 있습니다.

설교의 구조를 명확히 구상했다면 **구조에 단어로 살을 붙여야** 합니다. 정확한 단어 선정 없이 정확한 메시지를 전달하기란 불가능합니다. 우리는 "꼭 맞는 말을 찾으려 탐구했고, 그가 쓴 것은 정직하고 참되[던]" 전도서의 전도자와 같아야 합니다(전 12:10, 옮긴이 사역). 전도자의 말은 "채찍들 같[아서]" 양심을 찌르고 생각을 자극하며 "잘 박힌 못같[이]" 기억에 박혀서 빼내기가 쉽지 않습니다(전 12:11). 그러므로 단어 선정에 수고를 기울일 가치가 있습니다.

우리가 고르는 단어는 가능한 단순하고 분명하며 문장은 단문이어야 합니다. 또한 듣는 이의 마음에 그림이 그려질 만큼 생생해야 합니다.

C. S. 루이스(Lewis)가 이 주제와 관련하여 작가들에게 다음과 같이 온당하고 실제적인 조언을 주었습니다.

- 글을 명료하게 쓰고 어떤 모호함의 가능성도 피하라.
- 긴 단어로 인상을 주려 하기보다는 짧은 단어를 선호하라.
- 추상명사보다는 구상명사를 사용하라.
- 말하지 말고 보여 주라. 다시 말해서,

  여러분이 묘사하는 것에 대해서 독자가 이렇게 느꼈으면 한다고 말하는 것에 불과한 형용사를 사용하지 마라. 내 말은, 독자에게 어떤 것이 '끔찍하다'고 말하는 대신 독자가 기겁하도록 그것을 묘사하라는 것이다. 그것이 '유쾌했다'라고 말하지 말고, 묘사한 것을 읽은 독자가 '유쾌하네'라는 말이 나오게끔 하라. 그러니까 그 모든 단어들(소름끼치는, 놀라운, 흥측한, 빼어난)은 독자에게 '부디 내가 할 일을 여러분이 좀 해 주십시오'라고 말하고 있을 뿐이다.

- 과장하지 마라. 여러분이 전하려 한 의미는 '매우'인데 '엄청나게'를 사용하면 진짜로 엄청난 것을 말하고 싶을 때 쓸 단어가 없어진다.[42]

그러므로 우리는 청중이 이해할 쉬운 단어를, 우리가 말하는 내용을 청중이 마음에 그리도록 도와줄 생생한 단어를, 진리를 과장 없이 있는 그대로 말하는 정직한 단어를 찾아야만 합니다.

이 모든 과정에서 단어는 문맥 안에서만 의미를 갖는다는 점을 기억해야 합니다. 알맞은 단어를 찾되 그 단어를 파워포인트 글머리 기호 옆에 써 놓는다고 해서 여러분의 견해가 제대로 전달된다고는 생각하지 마십시오.

우리는 단어로 적은 것을 항상 **이미지**나 **실례**로 **보완**해야 합니다. 실례(illustration)의 기본어인 '일러스트레이트'(illustrate)는 '일루미네이트'(illuminate), 즉 어두운 대상에 빛을 비춘다는 의미인데 바로 설교에서 실례의 역할이 이것입니다. 사람들은 추상 개념을 대단히 어려워하므로 이런 개념을 (수학에서처럼) 기호나 그림으로 바꾸어 줄 필요가 있습니다. 그림 한 장이 천 마디 말보다 낫다는 말은 참으로 옳습니다.

바울이 "예수 그리스도께서 십자가에 못 박히신 것이 너희 눈 앞에 밝히 보이거늘"(갈 3:1)이라고 말하면서 갈라디아인에게 십자가 사건을 상기시켜 준 것을 기억하십니까? 십자가 사건은 약 20년 전에 일어났고 바울의 편지를 읽는 갈라디아인 가운데 그 사건을 목격한 이는 없었습니다. 그럼에도 바울은 생생한 설교를 통해 극적인 시각 이미지로 십자가 사건을 과거에서 현재로 가져올 수 있었습니다. 사람들의 상상력을 자극하고 사람들이 마음속에 있는 것을 분명하게 볼 수 있도록 돕는 것, 이것이 모든 실례의 목적입니다. 실례는 추상적인 것을 구체적인 것으로, 고대의 것을 현재의 것으로, 생소한 것을 친숙한 것으로, 일반적인 것을 특정한 것으로, 모호한 것을 명확한 것으로, 비현실적인 것을 현실적인 것으로, 보이지 않는 것을 보이는 것으로 바꾸어 줍니다. 좋은 설교자는 "청중의 귀를 눈으로 바꾸어 청중으로 하여금 자신이 말하는 것을 보게" 합니다.[43]

당연할 법한 말이지만 좋은 실례를 찾기 위한 중요한 요소 중 하나가 상상력입니다. 다시 말해서 "보이지 않는 것을 [마음에 그리고]…그것을 마치 보이는 것인 양 다른 이에게 제시하는" 능력이 필요합니다.[44]

이때 반드시 주의해야 할 네 가지 위험이 있습니다. 첫째로 실례가 너무 부각되면 난해한 사안에 실마리를 제공하는 대신 실례 자체만 주목받을 위험이 있습니다. 이런 실례는 그것이 설명한 진리가 잊힌 후에도 오랫동안 그 자체로 기억됩니다. 기술 도구를 활용하여 영상물 일부를 설교에 포함시킬 경우 이런 위험이 특히 커집니다. 영상을 본 후 청중의 주목을 설교자에게 되돌리는 것이 어려울 수 있으므로 영상을 사용하기 전에 그 영상이 적절하고 품위가 있는지, 영상에 대한 해설이 필요한지, 영상이 보는 이를 현실로 이끄는 게 아니라 가공의 세계로 데려가지는 않는지 생각해 보아야 합니다.

둘째로 비유가 적절하지 않을 위험이 있습니다. 설교자는 본문과 실례의 유사점 가운데 어느 부분이 중요한지 분명히 해야 합니다. 예를 들어 예수님이 우리에게 어린아이처럼 되라고 말씀하셨을 때 그분의 뜻은 우리가 모든 면에서 아이 같아야 한다는 것이 아니었습니다. 그분은 어린아이의 미성숙이나 버릇없음, 무책임, 어리석음, 무지를 권하지 않으셨습니다. 그분은 아이의 겸손, 즉 자기 힘으로는 문제를 감당할 수 없음을 아는 겸손에 초점을 두셨습니다. 아이가 부모에 의존하듯 우리는 은혜에 의존합니다. 어린아이와 같아서는 안 된다고 명하는 성경 구절도 있습니다(렘 1:7; 고전 3:1-2; 14:20; 히 5:11-14). 그러므로 비유를 기초로 너무 많이 말하는 것은 늘 위험하고, 많은 경우 잘못된 길로 이끕니다. 두 대상 혹은 두 사건이 한 가지 측면에서 유사하므로 이 둘은 틀림없이 전적으로 같다는 주장은 옳지 않습니다.

셋째 위험은 너무 많은 또는 너무 적은 실례를 사용하려는 유혹입니다. "그림이나 실례가 전혀 없는 설교는 추상 개념을 이해할 수 있도록 해 주는 지적 훈련을 받은 사람에게만 전달될 것입니다." 반면 "실례가 너무 많은 설교는 치장한 보석이 너무 많은 여자와 같습니다. 인물을 살려 주도록 의도한 보석이 인물을 가려 버립니다."[45]

마지막으로 우리는 실례를 제시하는 방법을 아주 세심히 고려해야 합니다. 우리가 부주의하여 잘못된 사실을 전하거나, 출처가 따로 있는 어떤 이야기를 우리 자신의 것으로 주장하거나, 이야기를 토대로 지나친 일반화를 하거나, 청중을 즐겁게 하려고 불필요한 농담을 하거나 감정을 쥐어짜는 이야기로 조종한다면 세심한 청중은 설교자에게서 신뢰를 거둘 수 있습니다. 결코 이렇게 되어서는 안 됩니다.

그러면 실례는 어디서 찾아야 할까요? 먼저 성경에서 찾을 수 있습니다. 성경은 예화로 가득합니다. 구약성경을 봅시다. "아버지가 자식을 긍휼히 여김같이 여호와께서는 자기를 경외하는 자를 긍휼히 여기시나니"(시 103:13). "악인들은…오직 바람에 나는 겨와 같도다"(시 1:4). "내가 이스라엘에게 이슬과 같으리니 그가 백합화같이 피겠고 레바논 백향목같이 뿌리가 박힐 것이라"(호 14:5). "독수리가 날개치며 올라감 같을 것이요"(사 40:31). "내 말이 불 같지 아니하냐. 바위를 쳐서 부스러뜨리는 방망이 같지 아니하냐"(렘 23:29). 이번에는 신약성경을 봅시다. "너희는 세상의 소금이니…. 너희는 세상의 빛이라"(마 5:13-14). "번개가 하늘 아래 이쪽에서 번쩍이어 하늘 아래 저쪽까지 비침같이 인자도 자기 날에 그러하리라"(눅 17:24). "화 있을진저 외식하는 서기관들과 바리새인들이여, 회칠한 무덤 같으니 겉으로는 아름답게 보이나 그 안에는 죽은 사람의 뼈와…가득하도다"(마 23:27). "유모가 자기 자녀를 기름과 같이 하였으니 우리가 이같이 너희를 사모하여"(살전 2:7-8). "너희 생명이 무엇이냐? 너희는 잠깐 보이다가 없어지는 안개니라"(약 4:14). 그리고 예수님이 말씀한 비유들도 있습니다. 이 목록에 들어갈 말씀은 이외에도 아주 많습니다.

성경의 이야기와 비유를 현대 언어로 바꾸어 말하는 데 뛰어난 솜씨를 지닌 설교자들이 있는가 하면 신선한 현대 이야기를 창작할 수 있는 설교자들도 있습니다. 그러나 아마 역사나 전기, 시사나 우리 자신의 경험에서 나오는 실례가 가장 효과적일 것입니다. 이로써 성경의 진리는 최대한 다양한 상황과 관계를 맺게 됩니다.

한 단어 혹은 한 구절도 극적 이미지를 전달하는 실례가 될 수 있습니다. '우리의 방벽을 뚫으시는' 하나님을 이야기하면 사람들은 공격에 맞서 자신을 방어하는 그림을 머릿속에 떠올릴 수 있습니다. 성령이 우리의 닫힌 마음을 '따서 열어' 새로운 진리를 향하게 한다고 말할 때 청중은 금속 뚜껑이 망치나 드라이버에 두드려 맞아 겨우 열리면서 내는 쇳소리를 들을 수 있습니다.

모든 설교자는 끊임없이 설교에 사용할 예를 찾아 두어야 합니다. 물론 설교 소재를 모으기 위해서만 책을 읽고 대화를 나누라는 뜻은 아닙니다! 그렇지만 우리가 읽는 모든 책에 나오는 탁월한 구절, 그리고 일상에서 떠오르는 영감을 적어 둔다면 유익할 것입니다.

결론 더하기

설교의 본론이 준비되어야 서론과 결론을 쓸 준비가 된 것입니다.

서론을 쓰기 전에 결론을 쓰는 것이 이상하긴 합니다만 결론을 쓰면서 설교 메시지는 최종 요점과 적용에 이르게 됩니다. 결론을 쓰고 나서야 서론에 쓸 내용을 분명히 알 수 있습니다.

우리 중 어떤 이들은 설교의 결론은 고사하고, 그 무엇의 결론도 내리지 못하는 듯합니다. 이들은 안개 낀 날 계기판 없이 비행하는 비행기처럼 착륙하지 못하고 주변을 빙빙 돕니다. 또 어떤 이들은 너무 급작스럽게 멈춰 섭니다. 이럴 때 설교는 피날레 없는 연극과 같고, 절정 혹은 클라이맥스 없는 음악과 같습니다. 그러므로 결론에 대해 좀더 자세히 살펴봅시다.

결론에서는 첫째로, 설교를 요약합니다. 즉, 설교의 중심 생각을 반복합니다. 우리는 반복을 두려워하지 말아야 합니다. 바울은 "너희에게 같은 말을 쓰는 것이 내게는 수고로움이 없고 너희에게는 안전하니라"라고 말했습니다(빌 3:1). 베드로의 견해도 같았습니다. "너희가 이것을 알고…있으나 내가 항상 너희에게 생각나게 하려 하노라. 내가 이 장막에 있을 동안에 너희를 일깨워 생각나게 함이 옳은 줄로 여기노니"(벧후 1:12-13). 어떤 솜씨 좋은 목수들은 한 방 세게 쳐서 못을 박기도 하지만 대부분은 망치로 여러 번 두들겨 박는 것이 더 안전하다고 여깁니다. 바로 이와 같이 우리는 망치질을 반복해서 청중이 진리를 온전히 이해하게끔 해야 합니다. 그러나 했던 말을 단순히 반복하지 않게 주의하고, 다른 방법으로 요점을 전달해야 합니다.

또한 결론에는 개인적 적용이 들어가야 합니다. 설교가 마무리될 때 우리는 단지 사람들이 우리의 가르침을 이해하거나 기억하는 것, 또는 즐거워하는 것만 기대하지 않습니다. 우리는 청중이 설교에 반응할 것을 기대합니다. 이 반응이 꼭 설교 끝에만 나와야 하는 것은 아닙니다. 우리는 설교 중간에도 진리를 적용합니다. 그렇지만 결론을 너무 일찍 드러내면 안 됩니다. 이럴 경우 청중은 기대감을 잃게 됩니다. 따라서 최종 요점을 어느 정도 남겨 놓는 편이 좋습니다. 이렇게 하면 설교 마지막에 이르러 우리는 성령의 능력에 힘입어 청중에게 본문이 요청하는 것을 행동하도록 촉구할 수 있습니다.

성경 저자들은 가르침의 목적이 청중의 반응에 있다는 점을 분명히 알았습니다. 에스겔은 이스라엘에게 하나님의 심판을 경고하고 그들을 회개의 자리로 부르는 "이스라엘 족속의 파수꾼"으로 지명되었습니다. 예언 사역을 하던 에스겔은 이스라엘 백성이 말씀에 반응하지 않아 큰 고통을 겪었습니다. 하나님은 에스겔에게 "그들은 네가 고운 음성으로 사랑의 노래를 하며 음악을 잘하는 자같이 여겼나니 네 말을 듣고도 행하지 아니하거니와"라고 말씀하셨습니다(겔 3:17; 33:30-32). 설교를 듣는 것과 연주회 음악을 듣는 것은 분명히 전혀 다른 경험입니다. 음악은 즐기는 것이고 말씀은 순종하는 것입니다. 예수님은 제자들에게 "너희가 이것을 알고 행하면 복이 있으리라"라고 말씀하셨습니다(요 13:17; 또한 요 3:18-21을 보라). 사도들은 진리에 도덕적 요구가 따른다고 분명히 말했습니다. 진리는 단지 듣거나 믿기만 하는 것이 아니라 순종하는 것입니다(롬 1:18-23; 살후 2:10-12; 약 1:22-25; 요일 1:6, 8; 요이 4, 6절; 요삼 3-4절).

설교를 어떻게 적용할 것인가는 설교 본문과 청중에 따라 달라집니다. 우리는 본문을 숙고한 끝에 본문의 중심 생각을 얻었습니다. 우리는 청중이 이 중심 생각을 깨닫고 이에 기초하여 행동하겠다고 결심한 채 돌아가기를 바랍니다. 본문이 회개를 요청하거나 믿음을 강화합니까? 본문이 예배를 권하거나, 순종을 명하거나, 증언하기를 요구합니까? 아니면 섬김을 요청합니까? 본문 자체가 우리가 찾는 청중의 합당한 반응을 결정합니다.

청중과 관련해서는 앞에서 청중과 청중의 영적 상태를 알 필요를 강조한 바 있습니다. 1607년 리처드 버나드(Richard Bernard)는 설교자에게 기대해야 할 몇 가지를 열거했습니다.

> 무지한 자에게 지식을 주고, 이해한 자에게 확증을 주고, 악한 자를 교화하고, 선한 자를 격려하며, 잘못된 자를 깨우치고, 약한 자를 강하게 하고, 타락한 자를 회복시키고, 의심하는 자를 확신케 하고, 때를 얻든지 못 얻든지 계속해서 젖과 질긴 고기를 먹이도록 하라.[46]

이를 행하는 유일한 방법은 하나님이 주신 상상력을 사용하여 회중을 마음에 그려 보고, 이들의 삶을 우리가 연구하고 있는 본문과 연결 짓는 것입니다. 수전은 최근 남편을 잃고 사별의 충격과 외로움을 겪고 있습니다. 본문은 수전에게 무엇을 말할 수 있습니까? 자신이 혼자임을 전혀 받아들이지 못하는 앤절라에게는 본문이 무엇을 말합니까? 또한 승진에 따른 새로운 책임에 부담을 느끼는 새뮤얼에게, 이제 막 결혼하고 살림을 차린 존과 메리에게 본문은 무슨 말을 해 줍니까? 기말 시험을 앞두고 진로를 고민하는 학생들에게는 어떻습니까? 성경은 의심에 가득 찬 도마, 여전히 복음을 두고 고민하는 아그립바, 그리스도에게 새로 헌신한 바울에게 무어라 말합니까? 우리의 마음이 교회 가족들 사이를 자유로이 돌아다니게 하면서, 하나님이 이들 각 사람에게 본문을 통해 어떤 메시지를 주실지 기도하며 구해야 합니다. 조지 휫필드(George Whitefield)는 자기 설교를 듣고 있다고 생각하는 부류의 사람들을 실제로 불러 가면서 이 방법을 실천했습니다.

저는 여러분 중 많은 이가 호기심 때문에 이 자리에 나온 것을 압니다. 비록 여러분이 단지 사람들을 구경하러 나왔더라도 예수 그리스도께 나아가면 그리스도께서 여러분을 기쁘게 맞아 주실 것입니다. 욕설과 악담을 하는 군인이 여기 계십니까? 여러분도 그리스도께 나아와 존귀한 구세주의 깃발 아래로 들어오시겠습니까? 그리스도께서 여러분 모두를 환영하십니다. 어린 소년이나 어린 소녀가 이곳에 있습니까? 그리스도께 오십시오. 그리스도께서 여러분 안에 그분의 왕국을 세우실 것입니다.…나이 많아 머리가 흰 어르신들, 예수 그리스도께 나오십시오. 여러분은 하나님 앞에 왕과 제사장이 될 것입니다.…명예를 갈구하는 분들이 계십니까? 왕관 혹은 왕홀(王笏)을 원하십니까? 그리스도께 나오십시오. 주 예수 그리스도께서 누구도 빼앗지 못할 왕국을 여러분에게 주실 것입니다.[47]

예를 하나 더 들겠습니다. '간음하지 말라'라는 주제로 말씀 선포를 요청받은 한 젊은 설교자가 성경적이고 직설적이며 실천적인 설교를 용기 있게 전했습니다. 그는 네 가지 적용점을 제시하며 설교를 끝맺었습니다. 그는 독신인 젊은이들은 미래의 배우자를 위해 자신을 순결하게 지켜야 하며 유혹이 올 때 군건히 대처하는 법을 배워야 하고, 간음 관계에 있는 이들은 고통이 있더라도 그 관계를 끊어 버려야 하며, 결혼한 이들은 결혼 생활을 더 잘하도록 노력을 기울여서 결손가정에서 자라 롤모델이 없는 많은 젊은이에게 모범이 되어야 하고, 지역 교회는 마태복음 18장 15-17절에 나오는 예수님의 가르침에 순종하여 용기를 갖고 간음하는 이들을 책망하고 징계해야 한다고 선포했습니다.[48]

또한 우리는 청중이 서로 다른 관점에서 설교를 듣는다는 점을 알아야 합니다. 어떤 이들은 열린 마음으로 설교 메시지를 받아들일 것입니다. 다른 이들은 설교 메시지를 자신의 세계관이나 문화, 가족의 단합, 자존감, 죄악으로 물든 삶의 방식이나 경제적 생활양식에 대한 위협으로 보고 저항할 것입니다. 이러한 저항을 인식한다면 우리는 아마도 사도들처럼 설교의 결론을 내리면서 설득에 의존해야 할 것입니다(행 17:4; 18:4; 19:8; 고후 5:11). 사람들의 반론을 예상하고 그에 답하는 논증을 하면서 또는 불순종의 결과를 경고하면서 설득을 해 볼 수 있을 것입니다. 우회해서 설득해야 할 수도 있습니다. 우선 듣는 이의 마음에 도덕적 판단을 환기하고 난 후 그 판단을 스스로 적용하게 하는 것입니다. 선지자 나단이 다윗에게 그렇게 했습니다. 때로는 하나님의 사랑이라는 부드러운 힘을 가하면서 간곡히 호소해야 할 수도 있습니다.

그리고 설교를 마치면서는 사람들에게 함께 기도하도록 청하는 것이 좋습니다. 어떤 때에는 하나님의 말씀에 대한 회중의 반응이 겉으로 드러나게 하면서 큰 소리로 기도할 수 있습니다. 다른 때에는 조용히 기도하도록 하는 것이 더 현명할 수 있습니다. 성령은 각자의 심령에서 각기 다른 반응을 이끌어 내실 것이며, 단 한 가지 방식의 기도로는 결코 이를 다 담을 수 없습니다.

서론 구상하기

설교가 어디에서 끝나는지 분명히 알게 되었으니 이제 **서론을** 작성할 수 있습니다. 서론이 너무 길면 청중의 관심이 설교에서 멀어집니다. 하지만 더 흔한 실수는 주제로 곧장 들어가려고 서론을 지나치게 짧게 하거나 아예 하지 않는 것입니다. 이는 지혜로운 방법이 아닙니다.

좋은 서론은 적어도 세 가지 목적에 기여할 수 있습니다. 첫째, 좋은 서론은 흥미를 불러일으키고 호기심을 자극하며 설교 주제에 대한 하나님의 관점을 알고 싶게 만들어 줍니다. 둘째, 좋은 서론은 청중으로 하여금 그들이 지금 귀 기울여 듣고 있는 설교를 전하는 사람이 하나님의 말씀을 대언할 자격이 있는 사람이라는 사실을 알게 해 줍니다. 설교자가 경건한 삶을 살고 있고 그동안 그가 한 말이 참되고 정확했다면 회중은 이미 이 사실을 알 수도 있습니다. 그러나 설교자가 자격이 있다고 당연하게 생각해서는 안 됩니다. 바울과 같이 우리는 설교를 듣는 이들의 삶 속에서 "주의 말씀이…퍼져 나가 영광스럽게 되[는]" 것을 목적으로 삼은 말씀의 신실한 종으로 우리의 청중 앞에 서야 합니다(살후 3:1). 셋째, 좋은 서론은 중심 생각을 소개하고 듣는 이를 중심 생각으로 이끌어 줍니다. 이 세 역할 중 하나를 만족시키는 서론을 구성하기는 꽤 쉬울 수 있습니다. 하지만 우리는 세 목적을 모두 달성해야 하고, 그러면서도 너무 많은 단어를 사용하지 말아야 합니다.

첫째 목적은 설교 메시지에 초점을 맞추어 예화, 인용, 질문, 사건 등을 활용함으로써 달성됩니다. 둘째 목적은 하나님의 말씀을 맡은 청지기의 자격을 잃게 하는 것은 무엇이든 (아무리 사소한 것이라도) 피하게 도와 달라고 하나님께 기도로 간구함으로써 달성됩니다. 셋째 목적은 우리 앞에 놓인 본문의 메시지를 들을 수 있도록 청중을 준비시키는 데 직접적인 역할을 하지 않는 도입부 이야기나 인용, 질문, 생각을 모두 피함으로써 달성됩니다.

어떤 설교자들은 단순히 본문 구절을 알려 주고 낭독하는데, 이 방법은 매우 인습적이고 진부한 것으로 여겨질 수 있습니다. 주로 본문 자체가 아니라 본문 주제와 관계가 있는 어떤 상황에서 출발하는 것이 현명합니다. 과테말라시티에서 진행한 목회자 세미나가 기억납니다. 당시는 끔찍한 지진으로 2만 3천 명이 죽고 백만 명 이상이 집을 잃은 직후였습니다. 그 주에 현지 목회자가 주일 설교를 "오늘 아침 설교 본문은…"이라고 말하면서 시작했다면 적절했겠습니까? 다음과 같이 시작하는 것이 더 자연스럽지 않았겠습니까? "이 아침 우리는 큰 슬픔 가운데 모였습니다. 우리 중 많은 이가 친척 또는 친구를 잃었습니다. 다른 이들은 집과 재산을 잃었습니다. 왜 하나님은 이런 재난을 허락하시는 걸까요? 바로 이 물음이 우리 모두의 생각과 마음속에 있습니다. 우리는 어떻게 여전히 사랑의 하나님을 믿을 수 있습니까?" 이렇게 말하고 나서 하나님의 공급하심 또는 하나님의 사랑의 확증과 같은 문제와 직접 관련이 있는 본문을 낭독한다면 회중의 주목을 좀더 유지할 수 있을 것입니다. 회중을 데려가기 원하는 곳보다는 회중이 지금 있는 곳에서 출발해야 합니다.

설교문 작성하기 및 기도하기

이제 설교를 글로 적어야 하는가 하는 질문이 떠오릅니다. 하나님이 우리를 모두 다르게 만드셨고 각기 다른 개성과 재능을 주셨으므로 모든 사람에게 적용되는 고정된 규칙은 있을 수 없습니다. 그럼에도 두 극단을 피해야 한다는 점에는 모두가 동의하는 듯합니다. 첫째 극단은 완전한 즉흥 설교입니다. 글로 써서 준비하지 않고도 자신을 잘 표현할 수 있을 만큼 명석하게 사고하고 말하는 사람은 많지 않습니다. 찰스 시미언(Charles Simeon)은 학생들에게 300편 내지 400편의 원고를 설교하기 전까지는 원고 없이 설교하지 말라고 조언했습니다.[49]

반대 극단은 원고에 얽매여 설교문을 그대로 낭독하는 것입니다. 조너선 에드워즈는 "설교문의 글씨를 너무 작고 알아보기 어렵게 써서 눈앞에 가까이 들어야만 읽을 수 있었다. 그는 원고를 가지고 강단에 올랐고 설교문을 대부분 그대로 읽었다. 그럼에도 그는 설교 원고에 구속되지 않았다"고 합니다.[50] 하나님의 은총이 그에게는 내렸지만 이 방법이 우리 세대에는 효과적이지 못할 것입니다. 오늘날에는 설교자와 회중이 대면하여 소통하는 것이 요구됩니다.

설교 언어의 세심한 사용과 대면 접촉을 결합할 수 있는 방법이 단 한 가지 있는 듯합니다. 설교문을 반드시 작성하되, 이것을 단순히 읽기만 하지는 않는 것입니다. 설교문을 작성하는 것은 매우 값진 훈련입니다. 첫째로 설교문 작성은 사고를 명료하게 합니다. 장황하게 설교하는 사람은 교묘한 언변으로 허술한 사고를 감출 수 있지만 종이에 쓴 글의 허점을 보이지 않게 덮어 버리는 일은 훨씬 어렵습니다. 우리가 정직하다면 이는 사실상 불가능합니다. 둘째로 설교문 작성은 늘 쓰는 똑같은 구절을 거듭 반복해서 사용하지 않도록 돕습니다. 원고를 쓰는 이는 오래된 진리를 새롭게 표현하는 방법을 찾게 됩니다.

요즘은 인터넷 자료를 짜깁기해서 설교문을 대체하려는 유혹을 받을 수도 있습니다. 설교에 사용한 실례가 정확한지 확인하고자 인터넷을 사용할 수는 있지만 시간을 들여 자기만의 설교문을 작성해야 합니다. 펜으로 쓰거나 타자를 치는 물리적 행위는 말하고자 하는 내용을 기억하고, 우리가 찾은 내용을 설교를 들을 회중에 맞게 고치는 데 도움을 줍니다.

설교문을 작성한 후에 그것을 외워서 강단에서 암송하려 하지는 말아야 합니다. 설교문을 외우는 데 지나치게 많은 시간과 노력이 요구되고, 중간에 할 말을 잊을 위험도 있습니다. 게다가 설교의 메시지와 청중보다 설교문을 기억하는 것에 정신을 더 쏟지 않을 수 없게 됩니다.

설교문을 암송하거나 그대로 낭독하지 않으면서 활용하는 한 가지 방법을 조지프 필모어(Joseph Pilmore)가 잘 설명합니다.

> 그는 자신의 설교문을 썼다. 그리고…원고는 항상 그의 앞에 있었다. 그는 원고를 그냥 읽는 것이 아니라 아주 찬찬히, 무미건조하게 읽으며 설교를 시작했다. 하지만 그의 목소리에 온기가 점차 더해졌고, 눈에는 불꽃이 일기 시작했으며 얼굴 근육이 씰룩거리며 팽창하는 것이 보였다. 마침내 그의 영혼에 완전히 불이 붙으면 그는 거의 맹렬한 폭포수같이 즉흥적으로 설교를 이어 나가곤 했다. 그리고 이런 경우에 설교 원고의 유일한 용도는 그것을 둘둘 말아서 손에 쥐고 청중을 향해 말 그대로 휘두르는 데 있었다.[51]

더 나은 한 가지 대안은 설교문을 메모 형식으로 다시 쓴 다음 이 메모를 가지고 강단에 서는 것입니다. 설교를 세심하게 준비하여 설교문을 작성하고, 이를 놓고 기도했다면 설교할 때 대부분의 내용이 쉽게 떠오를 것입니다. 동시에 우리는 어느 정도의 자유를 가지고 메모에서 벗어날 수도, 메모를 더 자세히 설명할 수도 있게 됩니다. 놀랄 만큼 능란한 설교자인 제임스 스튜어트 교수는 이것이 자신이 사용한 방법이라고 제게 말해 주었습니다. "나는 항상 적어도 오전 설교는 완전히 작성해 두려고 했어요.…토요일 아침에는 이 설교문을 줄여서 한두 페이지로 요약했고, 주일에 이걸 들고서 교회로 가곤 했지요."[52]

설교문을 작성한 후에는 기도를 합니다. 물론 우리는 설교 준비를 시작하기 전에도 기도했고, 준비 과정 내내 기도하는 자세를 유지해 왔습니다. 그렇지만 이제 설교가 완성되고 설교문도 작성되었으니 설교를 놓고 기도해야 합니다. 저는 이 기도를 주일 아침 교회로 나서기 전에 하기를 권합니다. 주님 앞에 무릎을 꿇을 때 비로소 설교 메시지를 우리 것으로 만들 수 있습니다. 무릎을 꿇고서 우리는 메시지를 붙들고, 또 붙듭니다. 마침내 메시지가 우리를 붙들 때까지 말입니다. 그러면 우리가 설교할 때 이 메시지가 메모나 기억에서 나오는 것이 아니라 우리 개인 신앙의 깊은 곳에서, 마음의 진실한 외침으로 나오게 됩니다. 백스터가 썼듯이 "목회자는 마음에 어떤 특별한 고통을 품고 나서야 회중을 향해 나설 수 있[습니다.]"[53] 모든 설교자는 과적된 여객기처럼 활주로를 따라 느리고 힘겹게 나아가면서 결코 이륙은 하지 못하는 무거운 설교와 "새가 지니고 있는 것, 곧 방향감각과 날개"를 가진 설교의 차이를 압니다.[54]

옛날 선지자와 현자도 같은 이야기를 했습니다. 예레미야는 "내가 다시는 여호와를 선포하지 아니하며 그의 이름으로 말하지 아니하리라 하면 나의 마음이 불붙는 것 같아서 골수에 사무치니 답답하여 견딜 수 없나이다"라고 말했습니다(렘 20:9). 욥보다 어린 '위로자'였던 엘리후도 자신보다 앞서 말한 세 사람이 욥의 상황에 대한 해답을 내놓지 못하자 화가 난 상태에서 비슷한 경험을 했습니다. "내 속에는 말이 가득하니 내 영이 나를 압박함이니라. 보라, 내 배는 봉한 포도주통 같고 터지게 된 새 가죽 부대 같구나. 내가 말을 하여야 시원할 것이라"(욥 32:18-20). 자신을 둘러싼 악인에게 핍박을 받던 시편 기자는 "내 마음이 내 속에서 뜨거워서 작은 소리로 읊조릴 때에 불이 붙으니 나의 혀로 말하기를"이라고 말했습니다(시 39:3). 우리 안에 있는 하나님의 메시지는 타오르는 불이나 발효 중인 포도주와 같을 것입니다. 우리 내부에서 이 메시지의 압력이 점차 세지다가 이를 더 이상 담아 둘 수 없다고 느끼는 지점에 이릅니다. 바로 이때 우리는 설교할 준비가 된 것입니다.

한 아프리카계 미국인 설교자가 설교 준비의 전 과정을 처음부터 끝까지 탁월하게 요약했습니다. "먼저 제 자신이 완벽하게 읽고, 그다음 제 자신이 명료하게 사고하고, 그다음 제 자신이 뜨겁게 기도하고, 그리고 제 자신을 내려놓습니다."

설교 준비에 드는 시간

학생들과 젊은 설교자들은 설교 한 편을 준비하는 데 시간이 얼마나 드는지 알고 싶어 합니다. 이 질문에 간단한 답변을 제시하기란 불가능합니다. 최고의 답변은 '여러분의 일평생!'일 것입니다. 어떤 면에서 모든 설교는 설교자가 이제까지 배운 모든 것에 영향을 받으며, 설교자가 지난 세월을 거쳐 어떤 사람이 되었는지를 반영하는 상(像)입니다. 설교 준비에 실제로 걸린 시간을 계산하는 것이 어려운 이유는 이러한 과정이 언제 시작되는지 누구도 정확히 말할 수 없기 때문입니다. 배경지식을 쌓는 데 사용한 시간을 포함해야 할까요? 몇 해 동안 성경을 연구해서 설교하고 나면 한 번이라도 읽거나 생각해 본 적이 없는 구절이나 단락은 하나도 없게 됩니다. 우리는 그동안 쌓아 온 생각들을 바탕에 두고 본문을 읽게 되는 것입니다.

그래도 대강의 지침을 제시하자면 초보 설교자는 본문을 선정하는 시점에서 설교를 작성하는 시점까지 열 시간에서 열두 시간이 필요하다고 생각합니다. 경험이 많은 설교자도 이 시간을 다섯 시간 내지 여섯 시간 미만으로 줄이지는 않을 것입니다. 평균적으로 매 5분을 설교하는 데 적어도 한 시간의 준비가 필요합니다.

6

정직성과 진정성

기만과 위선보다 더 역겨운 것은 없습니다. 정직보다 더 큰 매력은 없습니다. 사람들은 설교자에게 높은 수준의 정직을 기대하고, 쥐를 쫓는 개처럼 쿵쿵대면서 우리 안에 어떤 불일치가 있지는 않은지 찾습니다. 우리는 자신이 전하는 메시지에 개인적으로 헌신되어 있어야 하고 반드시 정직해야 합니다. 그리스도께서도 위선자들을 준엄하게 책망하셨습니다.

정직에는 두 측면이 있습니다. 설교자는 강단에서는 진심으로 말해야 하고, 강단 밖에서는 설교한 내용을 실천해야 합니다. 리처드 백스터의 표현처럼 "말할 때 진심으로 하는 사람은 틀림없이 말한 대로 행동할 것"입니다.[55]

이를 위해 복음을 선포하는 사람은 반드시 그 자신이 복음을 받은 사람이어야 하고 그리스도를 전하는 사람은 반드시 그리스도를 알아야 합니다. 스펄전은 회심하지 않은 설교자를 다음과 같이 묘사합니다.

> 은혜를 입지 못한 목회자는 광학 교수로 선출된 시각장애인과 같다. 그는 빛과 시력에 관하여 철학적으로 설명한다.…그 자신은 완전히 어둠 속에 있으면서! 그는 음악과 학과장에 오른 언어장애인이고, 협화음과 화성법에 능한 청각장애인이다! 그는 새끼 독수리를 가르친다고 주장하는 두더지고, 천사들을 통솔하도록 선출된 삿갓조개다.[56]

스펄전의 묘사에 웃음이 나오지만 일부 교회에서는 강단에 이러한 설교자들이 서기도 합니다. 예를 들면 윌리엄 하슬램(William Haslam) 사제는 1842년부터 잉글랜드 성공회의 성실한 목회자였습니다. 그러나 그는 확신이 없었고 내면에서 샘솟는 생명수도 없었습니다. 서품을 받은 지 9년이 되었을 때 그는 "너희는 그리스도에 대하여 어떻게 생각하느냐"라는 구절을 본문으로 정해서 설교했습니다. 그가 설교를 하고 있을 때 (아마도 많은 기도의 응답으로) 성령이 그의 눈을 열어 그가 말하고 있던 그리스도를 보게 하고, 그의 마음을 열어 그분을 믿게 하셨습니다. 하슬램에게 나타난 변화는 너무나 분명해서 우연히 예배에 참석한 그 지역의 한 설교자는 벌떡 일어나서 외쳤습니다. "주임 사제에게 회심이 일어났습니다! 할렐루야!" 그의 목소리는 회중의 찬양 소리에 묻혀 버렸습니다. 하슬램도 "찬양의 함성에 동참했고, 더 질서 있게 찬양하도록…송영을 나누어 주었습니다.…그리고 사람들은 마음과 목소리로 송영을 거듭 반복해서 불렀습니다." "주임 사제가 바로 자기 강단에서 자신의 설교를 통해 회심했다!"라는 소문이 들불처럼 퍼져 나갔습니다. 하슬램의 회심은 그의 교구에서 일어난 큰 부흥의 시작이었습니다. 사람들은 하나님의 임재를 생생히 느꼈고, 이후 3년 동안 거의 매일 회심이 일어났습니다. 시간이 더 흐른 뒤 하나님은 하슬램을 매우 독특한 사역으로 부르셨습니다. 하슬램은 수많은 동료 목회자가 예수 그리스도를 인격

적으로 만나도록 이끌었습니다.⁵⁷

교회 구성원들은 성령이 목회자에게 행하시는 일이 단순한 회심을 넘어설 것으로 기대합니다. 그들은 목회자에게서 그리스도인의 성숙, 곧 성령의 열매도 찾습니다. 바울은 디모데와 디도에게 그리스도인 앞에서 행동의 본을 보이라고 말했습니다(딤전 4:12; 딛 2:7). 베드로도 장로들에게 모범이 되라고 가르쳤습니다(벧전 5:3). 강조점은 분명합니다. "설교자는 설교만 할 수 없다. 그는 또한 살아내야 한다. 그리고 그가 사는 삶은…둘 중 하나다. 그의 설교를 무력화하거나, 그의 설교에 피와 살을 부여한다."⁵⁸ 우리는 우리가 어떤 존재인지 숨길 수 없습니다. 우리의 존재는 우리의 말만큼이나 뚜렷하게 목소리를 냅니다. 이 두 목소리가 어우러질 때 설교 메시지의 영향력은 배가됩니다. 그러나 이 둘이 서로 모순될 때 긍정적 진술은 부정적 진술에 의해 무효가 됩니다.

이것은 실제적 문제로 이어집니다. 회중은 설교자를 그리스도인의 성숙을 나타내는 모범으로 보는 경향이 있습니다. 회중은 설교자를 떠받들고, 이상화하고, 심지어는 우상화합니다. 그렇지만 우리는 이것이 적어도 부분적으로 틀렸다는 것을 압니다. 하나님의 은혜가 우리 안에 역사해 왔고, 계속해서 역사하고 있지만 우리는 그들이 생각하는 만큼 온전하지 못합니다. 그렇다면 어떻게 해야 합니까? 정직하기 위해서 강단에 올라 이 환상을 깨뜨리고 우리 자신에 대한 사실을 말해야 할까요?

언제나 그렇듯 우리는 극단적 대응을 삼가야 합니다. 강단을 고해실로 만드는 것은 적절하지도, 유익하지도 않습니다. 그렇지만 완전한 척하는 것은 부정직하며 회중을 낙담하게 합니다. 따라서 우리는 사실을 인정해야 합니다. 그들처럼 우리도 약하고 죄가 많으며 유혹과 고통에 노출되어 있습니다. 그들처럼 우리도 의심과 두려움, 죄로 고심합니다. 그들처럼 우리도 용서하시고 자유케 하시는 하나님의 은혜에 끊임없이 의존합니다. 이런 식으로 설교자는 겸손과 정직의 모범으로 남습니다.

신약성경은 설교자에게 자기 훈련의 필요성을 강조합니다. 바울은 에베소 교회 장로들에게 "여러분은 자기를 위하여 또는 온 양 떼를 위하여 삼가라 성령이 그들 가운데 여러분을 감독자로 삼고…"라고 당부합니다(행 20:28). 바울은 디모데에게도 "네가 네 자신과 가르침을 살[피라]"고 썼습니다(딤전 4:16). 이러한 언급에서 순서가 중요합니다. 목회자는 그가 섬기는 회중과 그가 가르치는 교리 모두에 대해서 하나님께 책임을 받았습니다. 그러나 목회자는 그에 앞서 개인적으로 하나님과 함께 보내는 시간과 그분에 대한 충성을 지켜야 합니다. 예수 그리스도의 선한 종이 되지 못하면서 다른 사람의 선한 목자 또는 선생이 될 수는 없습니다.

심방, 상담, 신학 연구, 설교 준비 등이 훈련을 거쳐 잘 자리 잡았다 해도 규율 잡힌 개인 경건의 시간, 특히 성경 묵상과 기도가 뒷받침되지 않으면 결실을 맺지 못합니다. 모든 목회자는 이것이 얼마나 어려운지 압니다. 우리는 오해를 받을 수도 있고 반대에 부딪힐 수도 있습니다. 고독에 빠질 수도 있고 낙심할 수도 있습니다. 틀림없이 우리의 몸과 마음은 지칠 것입니다. 이러한 압박을 받으면 굳센 성품을 지닌 사람이라도 쓰러집니다. 하나님의 능력이 우리의 약함 속에, 예수님의 생명이 우리의 죽을 몸에 나타나지 않는다면 말입니다. 그러나 "우리의 속사람은 날로 새로워[집니다]"(고후 4:7-11, 16).

정직성의 중요성

철저하게 정직하다가도 가식과 위선에 빠지기는 아주 쉽습니다. 그러므로 우리는 정직성이 중요한 이유를 되새겨야 합니다. 신약성경은 적어도 세 가지 이유를 제시합니다.

첫째, 신약성경은 가르치는 일이 영적 은사고 큰 특권이기는 하지만 많은 위험이 따른다고 경고합니다. 바울은 유대 지도자들에게 "[네가] 맹인의 길을 인도하는 자요 어둠에 있는 자의 빛이요 율법에 있는 지식과 진리의 모본을 가진 자로서 어리석은 자의 교사요 어린 아이의 선생이라고 스스로 믿으니 그러면 다른 사람을 가르치는 네가 네 자신은 가르치지 아니하느냐?"라고 묻습니다(롬 2:19-21).

선생의 위선은 용납되지 않습니다. 그는 충분히 아는 자이기 때문입니다! 선생은 자기가 가르치는 내용을 모른다고 주장할 수 없습니다. 예수님은 바리새인들을 엄격히 비판하셨습니다. "그들은 말만 하고 행하지 아니하[기]" 때문입니다(마 23:1-3). 이런 이유로 야고보가 뜻밖의 충고를 한 것입니다. "내 형제들아 너희는 선생된 우리가 더 큰 심판을 받을 줄 알고 선생이 많이 되지 말라"(약 3:1).

둘째, 위선은 큰 실족의 원인이 됩니다. 많은 사람이 그리스도를 따른다고 주장하는 사람들의 위선적 행동을 보고 그리스도를 떠납니다. 이 점을 알았던 바울은 다른 사람의 믿음에 장애물이 되지 않겠다는 의지가 확고했습니다. "우리가 이 직분이 비방을 받지 않게 하려고 무엇에든지 아무에게도 거리끼지 않게 하고 오직 모든 일에 하나님의 일꾼으로 자천하여"(고후 6:3-4). 이에 대한 증거로 바울은 신앙을 위해 자신이 겪은 고난을 열거합니다. 바울의 메시지와 행위 사이에는 모순이 없었습니다. 우리의 삶이 우리의 메시지와 모순된다면 사람들은 메시지를 받아들이지 않을 것입니다. 이것은 한 문장을 말할 때마다 기침과 재채기를 해대는 판매원에게서 감기약을 사고 싶지 않은 것과 같은 이치입니다.

설교자가 정직해야 할 셋째 이유는 '참된' 사람이 미칠 수 있는 긍정적 영향력 때문입니다. 예컨대 바울은 미련 없이 "숨은 부끄러움의 일을 버리고" "오직 진리를 나타[내는]" 일에 헌신하며 "하나님

앞에서 각 사람의 양심에 대하여" 스스로를 추천하였습니다(고후 4:2). 바울은 속임수와 기만을 몹시 미워했고, 하나님과 동료 신자가 모두 자신의 진술함에 대한 증인이라고 주장할 수 있었습니다(살전 2:1-12). 바울의 삶 또는 삶의 방식에는 듣는 이가 그의 메시지를 믿지 못하게 가로막는 것이 없었습니다. 그의 말과 그의 존재가 일치했기에 사람들은 그를 믿을 수 있었습니다.

정직한 신자는 불신자를 끌어당깁니다. 복음 전도자 빌리 그레이엄을 가장 혹독하게 비판한 이들조차도 그의 정직성은 존경했습니다. 비슷한 예로 철학자 데이비드 흄(David Hume)의 일화가 있습니다. (기독교를 거부했던) 흄이 어느 날 런던의 거리를 바쁘게 걸어가는 것을 보고 한 친구가 어딜 가느냐고 물었습니다. 흄은 조지 휫필드의 설교를 들으러 간다고 대답했습니다. 친구가 크게 놀라며 묻습니다. "하지만 설마, 휫필드가 전하는 말을 믿는 건 아니지, 그렇지?" 흄이 대답합니다. "응, 그렇지. 그렇지만 그 사람은 자기 말을 믿으니까."[59] 위선은 언제나 밀어내지만 정직은 언제나 끌어당깁니다.

정직하다는 주된 증거 가운데 하나는 자신이 믿는 것을 위해 기꺼이 고통받으려는 자세입니다. 하나님을 섬기는 참된 종의 충실함은 반대에 직면할 때 증명됩니다(고후 6:4-5). 심지어 바울은 자신이 받은 고난이 신임장 내지는 자격이라고 말합니다(고후 11:21-33; 살전 2:1-4; 딤후 3:10-12). 그는 "그리스도의 십자가로 말미암아 박해를" 받을 준비가 되어 있었습니다(갈 5:11; 6:12). 많은 경우 믿음은 암담하고 고독한 싸움을 통해 드러납니다.

> 능력으로 가득 찬 말씀이 선포되는 곳은 강단이 아니라 십자가다. 설교가 유효하려면 들릴 뿐 아니라 보여야 한다. 웅변, 설교술, 성경 지식으로는 충분하지 않다. 번뇌, 고통, 싸움, 피와 땀이 언명된 진리를 역설할 때, 사람들은 이 진리에 귀 기울인다.[60]

정직성을 전달하는 방식

발성과 몸짓 같은 설교의 실제적 문제를 간략히 언급하기에 가장 좋은 대목에 이른 것 같습니다. 이러한 것을 위해 리허설을 하면 안 됩니다. 설교자는 배우가 아니고 강단은 무대가 아닙니다. 배우는 자아를 강하게 의식합니다. 그러나 강단에서는 자아를 잊어야 합니다. 하나님이 우리를 통해 말씀하시면 좋겠다는 진실한 소망에서부터 자연스럽게 표현이 흘러나와야 합니다. 우리는 하나님과 설교를 듣는 이들을 깊이 인식하는 데 더욱 집중해야 합니다. 이러한 노력에 힘입어 우리는 진정한 자아를 찾고, 또한 자아를 잊게 될 것입니다!

하지만 친구에게 자신의 음성과 버릇에 대해 평해 달라고 요청하면 큰 도움을 받을 수 있습니다. 이것은 제가 처음 설교를 시작했을 때 사용한 방법입니다. 저는 의대생이었던 (그래서 관찰하는 훈련이 되어 있던) 두 친구의 의견을 들었습니다.[61] 이야기를 듣다가 큰 충격을 받기도 했지만 이들의 평가는 항상 유익했습니다. 동료 목회자에게 평가를 요청할 수도 있습니다. 때로는 설교자가 아닌 성도로 구성된 모임에서 이러한 조언을 받을 수도 있습니다. 평가는 우리가 말하는 방식과 몸짓, 태도, 버릇뿐 아니라 설교 내용, 성경의 사용, 중심 생각과 목적을 명료하게 제시했는지 여부, 설교의 구조, 단어, 실례, 서론과 결론 등을 아울러야 합니다. 설교자 모임에서도 이러한 조언을 구할 수 있으며, 설교 준비에서 부족한 점을 발견하는 유익도 얻을 수 있습니다.

진정성

진정성은 정직성에서 한 걸음 더 나아가는 것입니다. 정직하다는 것이 자신이 하는 말을 **진심**으로 하고 그 말을 **실천**하는 것이라면, 진정성이 있다는 것은 여기에 더해 자신이 하는 말을 **느끼는** 것입니다. 진정성은 설교에 반드시 필요한 깊은 감정입니다. "위대한 감정 없이 위대한 설교자가 될 수 있는 사람은 없다."[62] 프린스턴의 제임스 알렉산더(James W. Alexander)가 한 말입니다. 그는 다른 곳에서 "깊은 감정을 불러일으키는 설교자가 반드시 그 감정을 자신도 깊이

느끼는 것은 보편적으로 관찰된다"라고 했습니다.⁶³

영원한 삶과 죽음의 문제를 마치 날씨 이야기하듯 다루는 것은 용납할 수 없습니다. 어떻게 엄중한 메시지를 태평스럽게 전할 수 있다는 말입니까? 어떻게 여름휴가를 어디서 보낼지 논하듯 인간의 영원한 운명을 논할 수 있다는 말입니까? 참으로 마음을 쓰는 그리스도인은 진정성이 있습니다. 이들은 하나님과 그분의 영광, 그분의 그리스도께 마음을 씁니다. 아테네에 있던 바울은 우상으로 가득 찬 도시를 보고 "마음에 격분"했습니다. 그는 우상숭배에 분노하면서 참되고 살아 계신 한 분 하나님의 명예를 변호했습니다(행 17:16). 그리고 그가 빌립보인에게 많은 이가 "그리스도의 십자가의 원수로" 행한다고 말할 때 그는 오직 "눈물을 흘리며" 그렇게 말할 수 있었습니다(빌 3:18). 사람들이 그리스도가 아니라 자기 자신의 의를 신뢰하고, 거룩하기보다는 방종하고 있다는 생각에 그는 눈물을 흘릴 수밖에 없었습니다.

우리는 또한 잃어버린 사람들에게 마음을 써야 합니다. 예수님은 그분의 사랑을 거부하고 자신에게 가장 좋은 것이 무엇인지 깨닫지 못하는 예루살렘 사람들 때문에 예루살렘 성을 보며 우셨습니다(마 23:37; 눅 19:41-42). 바울의 설교에도 눈물이 함께했습니다. 에베소에서 지낸 3년 동안 바울은 "밤낮 쉬지 않고 눈물로…훈계"했습니다(행 20:31; 비교. 19, 37절). 눈물은 신약성경을 끝으로 그치지 않았습니다. 구원의 기쁜 소식을 전한 복음 전도자들은 한편으로는 어떤 이들이 복음을 거부하고, 그래서 스스로를 지옥으로 보낼까 염려했습니다. 이들의 눈에도 눈물이 마르지 않았습니다. 무디(D. L. Moody)는 "잃어버린 한 영혼에 대해 말하면서 눈에 눈물이 고이지 않은 적이 없었[습니다.]"[64] 조지 휫필드가 설교했을 때 사람들은 언제나 그가 사랑으로 말하고 있음을 알았습니다.

> 그의 눈물은―그는 울지 않고 설교를 전하는 법이 좀처럼 없었다―전혀 꾸밈이 없었다. 그는 이렇게 말하곤 했다. "여러분은 제가 우는 것을 탓하지만 여러분이 스스로를 위해 울지 않는데 제가 어찌 울지 않을 수 있습니까? 여러분의 영존하는 영혼이 파멸하기 직전임에도, 그리고 내가 알기로 아마 여러분은 지금 듣는 설교가 마지막이고, 다시는 그리스도를 소개받을 기회가 없을지도 모르는데 울지 않으니 말입니다."[65]

저는 설교자들이 이들의 눈물을 다시 배우기를 끊임없이 바랍니다. 파멸로 향하는 넓은 길 위에 있는 잃어버린 죄인을 위해 울지 못하게 하는 것이 많은 듯합니다. 어떤 설교자들은 구원을 기뻐하며 경축하느라 바쁜 나머지 구원을 거부한 이들을 위해 울 생각을 하지 못합니다. 다른 이들은 '결국에는 모든 이가 구원받을 것이고, 그 누구도 잃지 않을 것이다'라고 말하는 보편구원론, 곧 악마의 거짓

말에 속습니다. 예수님과 사도들이 말한 영원한 죽음과 바깥의 어둠이라는 무서운 실재에 눈을 감아 버렸기에 이들에게는 눈물이 없습니다. 어떤 이들은 죄인에게 지옥을 충실히 경고하지만 무심하게 또는 병적 쾌락을 즐기며 그렇게 합니다. 이것은 지옥의 실재를 무시하거나 부정하는 이들의 맹목보다 더 끔찍합니다.

설교자가 진지한 자세로 복음을 전할 때 회중은 같은 자세로 복음을 고민하게 됩니다. 스펄전은 학생들에게 "마치 비몽사몽 중인 것처럼 회중에게 말을 해서는 안 됩니다. 우리의 설교가 또렷한 코골이 소리가 되어서는 안 됩니다"라고 말했습니다.[66] 한 가지는 확실합니다. 설교 메시지를 전하는 우리에게 졸음이 온다면 청중이 깨어 있으리라 기대하기는 무척 어렵습니다.

머리와 가슴

신약성경은 머리와 가슴, 이성과 감성을 한데 묶음으로써 듣는 이를 믿음과 순종에 이르게 할 수 있음을 분명히 보여 줍니다. 바울은 성경을 사용하여 논증하고 사람들과 더불어 논쟁하면서 성령의 능력으로 그들을 하나님께 돌아오게 하려고 노력했습니다. 그러나 또한 바울은 주님이 그러셨던 것처럼 그들 때문에 울었습니다.

바울이 자신의 편지에서 가르침과 호소를 어떻게 결합하는지 살펴봅시다. 고린도후서 5장은 신약에서 화해 교리에 관한 중요한 설명을 담고 있는 장입니다. 바울은 "하나님께서 그리스도 안에 계시사 세상을 자기와 화목하게 하시며" "그들의 죄를 그들에게 돌리지 아니하시고" 우리를 위해서 그리스도, 곧 "죄를 알지도 못하신 이를 우리를 대신하여 죄로 삼으신 것은 우리로 하여금 그 안에서 하나님의 의가 되게 하려 하심이라"고 설명합니다(19-21절). 이 말씀 안에는 하나님의 행위, 그리스도와 그분의 십자가, 죄, 화해와 의에 관한 진리가 빼곡히 들어차 있고, 지금도 주석자들은 이것을 풀어서 설명하려고 애씁니다. 그런데 바울은 깊은 신학적 진술을 하는 것으로 만족하지 않습니다. 바울은 화해의 사실을 넘어 화해의 메시지로 나아갑니다. 하나님이 그리스도 안에서 하신 일을 넘어 하나님이 우리 안에서 지금 하고 계신 일로 나아갑니다. 그는 하나님의 사절로서 독자에게 "하나님과 화목하라"고 간청합니다(20절). 바울은 강해에서 그치지 않고 호소로 나아갔습니다. 그러나 호소는 진리를 전달한 후에 이루어졌습니다.

어떤 설교자들은 열정을 드러내는 데 두려움이 없습니다. 이들은 끊임없이 결단하고 회심하도록 호소합니다. 어떤 경우에 이들의 설교는 사실상 한 편의 긴 호소문에 지나지 않습니다. 그러나 청중은 어리둥절합니다. 호소의 본질 또는 근거를 이해하지 (또는 이해하는 데 도움을 받지) 못했기 때문입니다. 교리를 제시하지 않고 결단을 요청하는 것은 인간에 대한 모욕입니다. 사고를 배제한 채 조종하려는 태도가 담겨 있기 때문입니다.

다른 설교자들은 정반대의 잘못을 저지릅니다. 이들은 성경의 중심 교리는 정확히 설명하고 성경 내용에도 충실합니다. 성경을 명료하게 설명하고, 오늘날의 세계에 성경의 교훈을 적용합니다. 그러나 어찌된 일인지 이들은 차갑고 거리감이 느껴집니다. 이들의 목소리에는 절박함이 없고 눈에서 눈물이 보이는 경우도 없습니다. 이들은 강대상에 몸을 바짝 붙이고 죄인들에게 그리스도의 이름으로 회개하라고, 그분께 나아와 하나님과 화목하라고 간곡히 청하겠다는 생각은 꿈에도 하지 않습니다.

오늘날 필요한 것은 바울이 보여 준 이성과 감성의 결합, 즉 가르침과 호소의 결합입니다. 제임스 알렉산더는 "신학적 설교"를 하라고 간청하면서 사람들의 관심을 끄는 것은 "시뻘겋게 달구어진 논증"이라고 말합니다.[67] 20세기 영국의 설교자이자 런던 웨스트민스터 채플의 목사였던 캠벨 모건(Campbell Morgan) 박사도 비슷한 주장을 했습니다. 그는 학생들에게 설교의 핵심 요소 세 가지를 "진리, 명료함, 열정"이라고 했습니다.[68] 모건은 한 설교자에 관한 이야기를 들려줍니다. 진리를 선포하지만 청중은 전혀 모으지 못하던 설교자가 대배우에게 어떻게 허구로 그토록 많은 군중을 모을 수 있는지 물었습니다. 그러자 배우는 이렇게 대답합니다. "그건 아주 간단합니다. 저는 제 허구를 마치 진실인 것처럼 표현하지요. 그런데 당신은 당신의 진실을 마치 허구인 것처럼 표현합니다."⁶⁹

마틴 로이드 존스 박사도 이러한 신념을 공유합니다.

불붙은 논리! 열변을 토하는 이성! 이것들이 모순되는 말입니까? 당연히 그렇지 않습니다. 이 진리에 관한 이성은 사도 바울과 다른 이들의 경우에서 보듯 웅변력이 탁월해야 합니다. 그것은 불붙은 신학입니다. 그리고 불붙지 않은 신학은 주장컨대, 결함이 있는 신학이거나 적어도 신학에 대한 그 사람의 이해에 결함이 있는 것입니다. 설교는 불붙은 사람을 통해 나오는 신학입니다.[70]

우리는 성령이 "진리의 영"이자 "불의 혀"로 오순절에 나타난 분이심을 기억해야 합니다. 이 둘이 성령 안에서 나뉘지 않으므로 성령으로 충만한 그리스도인 안에서도 이 둘은 나뉘지 않을 것입니다. 우리가 설교를 준비하고 또한 선포할 때 성령으로 하여금 자유롭게 일하시도록 한다면 빛과 불, 진리와 열정이 다시 결합될 것입니다.

또한 우리는 첫 번째 부활절 오후 엠마오를 향하여 예수님과 함께 걸어간 두 제자의 경험을 기억해야 합니다. 예수님이 사라졌을 때 그들은 서로에게 "길에서 우리에게 말씀하시고 우리에게 성경을 풀어 주실 때에 우리 속에서 마음이 뜨겁지 아니하더냐"라고 말했습니다(눅 24:32). 그들은 깊이 감동했습니다. 새로운 진리를 잠시 보았을 때 그들 내면에 불이 붙기 시작했습니다. 여전히 진리는, 그리스도를 중심에 둔 성경적 진리는 마음을 불타오르게 합니다.

유머

언뜻 진지함과 유머는 서로 상충하는 것처럼 보일 수 있지만 이 문제는 그렇게 간단하지 않습니다. 예수님도 가르치시며 유머를 사용하셨습니다. 예를 들면 예수님은 "하루살이는 걸러 내고 낙타는 삼키는" 이들에 대해 말씀하셨습니다(마 23:24).

> 우리 중 얼마나 많은 이가 그 과정을, 그 일련의 감각을 한 번이라도 상상해 보았는가. 털이 무성한 낙타의 긴 목이 바리새인의 목을 타고 미끄러져 내려가는 모습을. 축 늘어진 그 엄청난 크기의 몸체가 통과하는 과정을. 낙타의 혹, 두 혹이 모두 목을 타고 내려가는데 그는 결코 인지하지 못한다. 그리고 다리가, 무릎과 크고 두툼한 발을 포함한 네 다리 전체가 통과한다. 바리새인은 낙타 한 마리를 삼키고서 전혀 그것을 알아차리지 못한다.[71]

그러나 유머는 꼭 적절한 장소에서 적절한 때에 지혜롭게 사용해야 합니다. "그리스도가 사용하신 유머의 분명한 목적은 상처를 주기보다는 이해를 증진하고 명료하게 하기 위함이다. 어쩌면 약간의 상처는 불가피할 것이다. 특히…인간의 교만이 우스꽝스럽게 표현될 때 기분이 상할 수 있다. 하지만 분명한 목적은 상처가 아닌 다른 데 있다.…진리, 오직 진리만이 목적이다."[72]

심각한 주제에 대해 말할 때는 절대 농담을 하면 안 됩니다. 하지만 긴장을 누그러뜨리기 위해 유머를 사용할 수는 있습니다. 사람들은 유머를 통해 긴장을 풀고 다시 집중할 수 있습니다. 유머는 사람들의 방어적 태도를 무너뜨리는 데 사용될 수도 있습니다. 유머는 완강하게 저항하는 사람들을 말씀에 민감하게 응답하도록 바꿀 수도 있습니다. 마지막으로 유머는 우리 자신의 모습을 보고 웃을 수 있게 하고, 부끄러움을 깨닫게 하여 회개로 이끕니다. 가나의 아치모타 대학 설립자 중 한 명인 제임스 애그레이(James Aggrey)는 "나는 웃음을 통해 그들의 입을 벌려서, 진리를 쑤셔 넣습니다"라고 말했습니다.[73] 또 어떤 이는 이것을 "포복절도 후의 작고 고요한 음성"이라고 표현했습니다.[74]

결론

정직성과 진정성은 크리스마스트리의 장식이 아닙니다. 정직성과 진정성은 성령의 열매로서, 자신이 하는 말을 믿고 느끼는 사람의 성품을 나타냅니다. "설교 뒤에는 한 사람, 한 사람의 존재 전체가 있다. 설교는 한 시간 동안의 행위가 아니다. 설교는 한 인생이 흘러나오는 것이다. 설교 한 편을 준비하는 데 20년이 걸리는 이유는 설교자가 빚어지는 데 20년이 걸리기 때문이다."[75]

제임스 블랙(James Black)도 비슷한 말을 했습니다. "최고의 설교는 언제나 무르익은 정신이 자연스럽게 흘러넘치는 것이고, 성장의 경험이 표현되는 것이다. 좋은 설교는 만드는 것이 아니라 우러나오는 것이다."[76] 저는 '흘러나옴'과 '흘러넘침'이라는 두 단어가 좋습니다. 참된 설교는 절대 피상적 활동이 아닙니다. 참된 설교는 깊은 곳에서 솟아납니다. 우리 안에 성령의 생명이라는 샘이 없다면 생수의 강은 우리에게서 결코 흘러나오지 못합니다. 우리의 입은 마음에 가득하여 흘러넘치는 것을 말할 뿐입니다(요 4:14; 7:37-39; 마 12:34).

7

용기와 겸손

사도들과 같은 용기 있는 설교자, "성령이 충만하여 담대히 하나님의 말씀을" 전할 설교자가 절실합니다(행 4:31, 비교. 13절). 사람을 즐겁게만 하는 이들과 설교 시간만 채우는 이들은 결코 좋은 설교자가 아닙니다. 설교자는 성경 강해라는 거룩한 과업으로 부름받고, 사람들이 듣고 싶어 하는 말이 아니라 하나님이 말씀하신 것을 선포하도록 지명되었습니다.

교회의 많은 이가 "그 귀를 진리에서 돌이[켜]" "귀가 가려워서 자기의 사욕을 따를 스승을" 찾습니다(딤후 4:3-4). 그러나 우리가 그들의 가려운 곳을 긁어 주거나 그들의 욕망대로 따라 주어서는 안 됩니다. 우리는 에베소인에게 "유익한 것은 무엇이든지…거리낌이 없이…전하여 가르치고" "하나님의 뜻을 다" 전하였음을 두 번이나 상기시킨 바울과 같아야 합니다(행 20:20, 27). 우리 자신의 호오나 유행을 따라 본문과 주제를 선택하지 않도록 주의해야 합니다. "사람들이 교회 밖으로 내몰리는 것은…그들을 불편하게 하는 엄중한 진리보다는 그들을 오만하게 하는 아무것도 아닌 부실한 말 때문입니다."[77] 그러나 많은 설교자가 두려움이라는 올무에 걸립니다(잠 29:25). 한번 올무에 걸리면 더 이상 자유롭지 못합니다. 대중의 의견을 따르는 종이 되고 맙니다.

용기 있는 설교의 전통

많은 설교자가 용기 있게 말씀을 선포했습니다. 모세는 반대와 뒤이은 고독에도 불구하고 하나님의 말씀을 듣고, 믿고, 순종하고, 가르쳤습니다. 엘리야는 바알의 선지자들에게 도전하고 나봇을 살해한 왕과 왕비를 꾸짖으며 종교적 진리와 사회적 정의를 위해 홀로 싸웠습니다. 나단은 다윗 왕이 밧세바와 간음한 것과 밧세바의 남편을 살해한 것을 용감하게 지적했습니다. 아모스는 왕이 만든 벧엘의 성소에서 악에 맞서 말씀을 선포했고, 그의 입을 막으려 한 아마샤의 끔찍한 운명을 예언했습니다. 예레미야는 하나님의 말씀을 충실히 전달한 것 때문에 애국자임에도 조국을 적대한다는 비난을 받았습니다.

세례 요한도 용기 있는 설교자였습니다. 세례 요한은 대중의 의견에 흔들리는 갈대도, 자기 욕망만 충족하면 되는 귀족도 아니었습니다. 그는 하나님의 말씀에 지배받는 참 선지자였습니다(마 11:7-11). 그의 용기는 그의 생명을 앗아 갔습니다. 이스라엘이 거부하고 죽인 선지자들의 긴 줄 마지막에 세례 요한도 서게 되었습니다(마 23:29-36; 행 7:52). 이후 이스라엘은 그들의 메시아를 죽이고, 그분의 사도들을 적대합니다(살전 2:15).

예수님도 두려움 없이 말씀하셨습니다. 그분의 생명이 다해 갈 무렙 바리새인의 제자들은 "선생님이여 우리가 아노니 당신은 참되시고 진리로 하나님의 도를 가르치시며 아무도 꺼리는 일이 없으시니 이는 사람을 외모로 보지 아니하심이니이다"라고 시인했습니다(마 22:16). 갈릴리에서 그분의 인기가 약 1년 동안만 지속된 점과 권세자들이 그분을 죽이기로 한 결정은 놀라운 일이 아닙니다.

예수님은 자신을 따르는 이들에게 스승이 박해를 받으면 제자도 박해를 받을 것이라고 경고하셨습니다. 그리고 실제로 그렇게 되었습니다. 예수님의 제자들은 예수님을 증언한 담대함 때문에 박해받았습니다. 베드로와 요한은 투옥되었습니다. 스데반과 야고보는 순교했습니다. 바울은 크게 고통당했습니다. 감옥에서 바울은 편지로 동역자들에게 자신이 말씀을 받고 "입을 열어 복음의 비밀을 담대히 알[릴]" 수 있도록 기도해 달라고 요청했습니다(엡 6:19-20). 투옥은 바울의 입을 다물게 한 것이 아니라 용기 있게 말씀을 증언할 새로운 기회를 주었습니다. 사도행전은 로마에 온 바울이 가택 연금되어 있는 상황에서 끝이 납니다. 그곳에서 바울은 그를 찾아오는 모든 이를 반갑게 맞이하고, 여전히 "담대하게 거침없이" 설교하고 가르쳤습니다(행 28:30-31).

이처럼 용기 있게 증언하고 그 때문에 고통당하는 전통은 교회사 내내 계속되었습니다. 4세기에 크리소스토무스는 처음에는 안디옥에서, 그리고 황후의 미움을 사 유배에 처하기 전까지는 6년간 콘

스탄티노플의 대주교로서 큰 용기와 능력으로 설교했습니다. 크리소스토무스는 도시의 악을 용감하게 비판하고 "두려움이나 차별 없이 인간의 모든 계층과 상태를 책망"했습니다.[78] 잉글랜드 종교개혁의 선구자 존 위클리프(John Wycliffe)는 교회 지도자들과 맞서면서 그들의 세속성과 교황의 부패, 화체설의 오류를 비판했습니다. 그는 여러 차례 재판에 회부되었으나 동료들의 변호로 유죄판결을 면합니다. 그러나 그의 추종자 중 다수가 이단으로 몰려 화형을 당했습니다. 기록에 따르면 루터는 "설교자의 임무를 수행하고자 하는 사람은 모두…책망할 필요가 있는 사람은 누구든, 그가 크든 작든, 부유하든 가난하든, 권력이 있든, 친구든 적이든, 반드시 책망해야 한다"고 말합니다.[79]

스코틀랜드의 종교개혁자 존 녹스(John Knox)는 신체는 약했지만 열정적이었고 설교는 강력했습니다. 1559년 스코틀랜드로 돌아온 후 그가 용기 있게 전한 설교는 개혁된 교회를 열망하던 스코틀랜드인들에게 힘을 북돋아 주었습니다. 그의 설교 때문에 심기가 상한 여왕이 그를 부른 자리에서 그는 말했습니다. "[강단에서] 저는 제 자신의 주인이 아니며, 지구상의 어떤 육체에게도 아첨하지 말고 분명하게 말하라고 명령하시는 분께 순종하지 않을 수 없습니다."[80]

20세기에도 대중의 인기를 얻으려고 설교 메시지를 수정하는 것을 거부한 용기 있는 설교자들이 전 세계에 많이 있었습니다. 그중

한 사람이 우간다의 대주교 자나니 루움(Janani Luwum)입니다. 루움은 이디 아민(Idi Amin)의 도를 넘은 행위를 규탄한 것 때문에 1977년 살해당했습니다. 또한 암살당한 미국의 흑인 민권 운동 지도자 마틴 루서 킹 주니어(Martin Luther King, Jr.)의 아버지 마틴 루서 킹 시니어(Martin Luther King, Sr.)도 용기 있는 설교자였습니다. "신체적으로나 영적으로나 큰 사람"으로 묘사되는 그는 "흑인이든 백인이든 누구도 두려워하지 않으면서 굳건하고 담대하게 강단에 서서 있는 그대로를 말하고, 회중에게 말씀을 선포하고, 흘러넘치는 사랑을 주었[습니다.]"[81]

위로하기와 불편하게 하기

선지자가 하나님께 말씀을 받아 전하듯이 설교자도 스스로 말씀을 바꿀 자유가 없다는 것을 알고 있습니다. 그러므로 모든 설교자는 여러 상황에서 인기 없는 진리와 인기 있는 거짓 사이에서 선택해야 합니다.

복음은 여전히 사람들을 불편하게 합니다. 복음을 충실히 설교하는 사람이라면 그 누구도 모든 반대를 피할 수 있으리라 기대하지 못합니다. 오늘날 사람들은 기독교 신앙의 배타성에 분노하고, 자신의 지혜나 선함으로 하나님께 이를 수 없다는 굴욕감에 분개합니다. 그들은 그리스도가 십자가에서 "내가 여기 있는 것은 너 때문이다. 네 죄와 교만이 아니었다면 나는 여기에 있지 않을 것이다. 그리고 네가 네 자신을 구원할 수 있었다면 역시 나는 여기에 있지 않을 것이다"라고 말한다고 느낍니다. 그리스도인의 순례는 십자가에서 고개를 숙이고 무릎을 꿇음으로써 시작됩니다. 하나님 나라로 들어가는 다른 길은 없습니다.

알렉산더 화이트(Alexander Whyte)는 사역이 끝나 갈 무렵 바로 이 문제 때문에 위기에 봉착했습니다. 그는 자신이 죄를 지나치게 강조한다고 생각하는 사람들이 있다는 사실을 알았고, 설교에서 이 부분을 누그러뜨리고 싶어졌습니다. 그런데 어느 날 길을 걷다가 다음과 같은 경험을 합니다.

만물을 통치하는 권능을 지닌, 신의 음성인 듯한 소리가 나의 양심에서 들렸고, 그 음성이 더 이상 또렷할 수 없을 만큼 분명하게 내게 말했다. "아니다! 계속하고, 움츠러들지 마라! 돌아가서 너에게 주어진 일을 담대하게 마무리하라. 담대히 말하고 두려워하지 마라. 어떤 대가를 치르더라도 그들로 하여금 유리잔 안에 있는 자신을 바라보듯 하나님의 거룩한 법 안에 있는 자신을 바라보게 하라. 네가 하라. 다른 누구도 이 일을 하지 않을 것이다. 다른 누구도 이 일을 하려고 자기 목숨과 명예를 걸지는 않을 것이다. 그리고 너는 목숨이든 명예든 걸어야 할 것이 많이 남지 않왔다. 집으로 가서 네게 부여된 과업, 곧 나의 백성에게 그들의 죄와 그들에게 나의 구원이 필요함을 보여 주는 일에 네 남은 인생을 사용하여라."

화이트는 이 거룩한 환상이 전해 준 "새로운 권위와 새로운 격려"를 바탕으로 사역을 감당했습니다.[82]

설교자는 듣는 이를 불편하게 하는 임무를 피할 수 없습니다. 우리는 그리스도가 위로의 말을 많이 하신 것을 알고, 이 중 일부는 여러 성찬 예배에서 반복됩니다. 그러나 그분이 하신 모든 말씀이 위로의 말은 아닙니다. 어떤 말씀은 우리를 심히 불편하게 합니다. 설교자도 그분과 같아야 합니다. 하나님의 사랑과 은혜, 자비뿐 아니라 하나님의 분노도, 구원뿐 아니라 심판도, 천국뿐 아니라 지옥도, 그리스도와 함께하는 부활뿐 아니라 그리스도 없는 죽음도, 믿음뿐 아니라 회개도, 구원자이신 그리스도뿐 아니라 주님이신 그리스도도, 기독교 제자도의 보상뿐 아니라 대가도, 자기 발견에 이르는 길인 자기부정도, 우리가 그 아래서 쉼을 얻는 그리스도의 권위라는 멍에도 설교해야 합니다.

남편과 아내, 부모와 자녀, 주인과 종의 관계에 대해 사도들이 가르친 것을 우리는 충실하게 가르칩니까? 질투는 우상숭배임을, 부는 위험함을, 그리스도인은 서로를 돌보도록 부름받았음을 언급합니까? 성적 만족을 위해 이성 간 결혼을 평생 지속하도록 하나님이 정하셨음을, 이혼은 (인간의 악함 때문에 때로 허용된다 할지라도) 결코 하나님의 이상이 아님을 주장합니까? 동성애 행위뿐 아니라 이성 간의 간음과 성적 부도덕도 하나님의 뜻을 거스르는 행위임을 설교합니까? 하나님이 일을 창조하셔서 우리가 그분과 동역하게 하시고, 다른 이를 섬기게 하시며, 자기실현을 알게 하셨음을, 실업은 비극임을 우리의 청중이 알고 있습니까?

그렇지만 죄로 얼룩진 이 시대에 하나님의 심판을 설교할 필요를 더 많이 느낄수록 죄인을 향한 그분의 자비도 더 많이 강조해야 합니다. 예수님은 서기관과 바리새인의 위선을 신랄하게 비판하셨지만 사람들은 그분을 죄인들의 친구라고 불렀습니다. 죄인들이 그분 곁으로 몰려와 기쁘게 말씀을 들었습니다. 예수님은 그들에게 짐을 가지고 자신에게 오라고 초청하셨고 쉼을 주겠노라 약속하셨습니다. 그분은 용서받은 창녀의 정성을 받으셨고, 간음하다 잡힌 여인에게는 "나도 너를 정죄하지 아니하노니 가서 다시는 죄를 범하지 말라"라고 말씀하셨습니다(요 8:11).

바울이 고린도인에게 "그리스도의 온유와 관용으로" 호소한 것은 의미심장합니다(고후 10:1). 하지만 바울은 교회가 죄 범한 자들을 훈계하고 심지어 회개하지 않는 자들은 출교할 것을 기대했습니다. 바울은 이러한 일을 즐기지 않았습니다. 사실 그는 스스로 자녀를 돌보는 어머니와 자애로운 아버지에 비유했습니다(살전 2:7, 11).

이처럼 오늘날 모든 기독교 목회자는 자신에게 맡겨진 이들을 온유한 사랑의 감정으로 대해야 합니다. 매 주일 성도들과 이야기하면서 우리는 그들이 짊어진 짐을 조금 알게 됩니다. 그들의 얼굴을 보며 거의 모든 이가 삶에서 상처받고 있음을 알게 됩니다. 우리는 그들이 유혹과 실패, 우울, 외로움, 절망의 압박을 느끼고 있음을 압니다. 자기만족에서 깨어나도록 마음을 흔들 필요가 있는 이들도 있지만, 어떤 이들에게는 하나님의 사랑이라는 위로가 가장 필요합니다.

우리는 올바른 균형을 찾을 수 있는 예민함을 갖도록, 그래서 "편안한 자들은 불편하게 하고, 불편한 자들은 편안하게" 할 수 있도록 기도해야 합니다.[83] 회심한 노예 상인 존 뉴턴처럼 우리는 "굳은 마음은 깨뜨리고, 상한 마음은 치료하는" 것을 목표로 삼아야 합니다.[84]

체계적 강해의 가치

특정 주제를 다루려면 용기가 필요하므로 저는 체계적 강해를 권합니다. 성경의 어느 한 책이나 한 책의 어느 한 부분을 마칠 때까지 한 구절씩 또는 한 단락씩 꾸준히 강해하는 것입니다. 이 접근법은 다른 경우라면 우리가 간과하거나 심지어 고의로 피할 수도 있는 구절들을 논하지 않을 수 없게 합니다.

산상수훈을 설교하다가 마태복음 5장 31-32절에 이르렀던 적이 있습니다. 이 구절에서 주님은 이혼이라는 주제를 다루셨습니다. 25년째 목회 사역을 하고 있었고 이혼이 오늘날 주요한 문제임에도 불구하고 부끄럽게도 저는 이 주제를 설교한 적이 없었습니다. 물론 몇 가지 변명을 댈 수는 있었을 것입니다. '이건 아주 복잡한 주제야. 나는 이 주제에 필요한 전문성이 없어.' '이건 논란이 많은 주제이기도 해. 분란을 일으키고 싶지 않아.' '분명히 누군가의 감정을 상하게 할 거야.' 그러나 저는 회중을 이끌고 산상수훈을 강해하는 중이었고 도저히 31절과 32절을 건너뛸 수 없었습니다. 오랫동안 제가 도외시했던 일을 해야만 했고, 이 일을 하기에 앞서 여러 시간을 연구하고 고민해야 했습니다.

이 접근법의 두 번째 장점은 우리가 특정 주일에 왜 특정 본문을 골랐는지 청중이 궁금해하지 않을 것이라는 점입니다. 제가 느닷없이 이혼을 주제로 설교했다면 교회 구성원들은 '오늘은 누구를 겨냥해서 말씀하는 거지?' 하며 의문을 품었을 것입니다. 그러나 그들은 이 구절이 제가 강해해 오던 장의 다음 구절임을 알았기에 이런 의문으로 주의가 흐트러지지 않았습니다.

세 번째 장점이 아마 가장 중요할 것입니다. 체계적 강해는 성경 읽기의 본을 보여 줍니다. 성경의 커다란 부분을 깊이 있게 체계적으로 열어 보임으로써 사람들의 생각을 넓히고, 성경의 중요 주제로 그들을 인도하며, 어떻게 성경으로 성경을 해석하는지 보여 줍니다. 포사이스(P. T. Forsyth)는 다음과 같이 설명합니다.

> 우리는 [설교자의] 주관성과 본문 이탈, 단조로움, 한계로부터 보호받을 필요가 있다. 또한 설교자가 자기 자신이나 자신이 속한 시대를 설교하는 위험에 빠지지 않도록 해야 한다. 우리는 모두 우리가 속한 시대를 향해 설교해야 한다. 그러나 만일 우리가 속한 시대를 설교한다면, 우리가 이 시대 앞에 거울을 들고 있을 뿐이라면 우리에게 화가 미칠 것이다.[85]

포사이스는 설교자의 과업 중 하나는 성경을 다음과 같은 접근에서 해방하는 것이라고 강조합니다.

> 성경을 종교 스크랩북으로 축소하여 오직 개별 구절로만 활용하는 [접근에서 성경을 해방해야 한다.]…그는 성경을 거시적이고 유기적으로 자유롭게 대하는 법을 더 익혀야 한다. 각 부분이 살아 있는 복음의 총체에 아주 중요한 가치로서 기여하도록 하고, 인간 역사의 큰 흐름 속에서 이 복음의 총체가 또렷하게 드러나도록 하는 법을 익혀야 한다.[86]

하나님의 말씀을 통해 살고 성장하는 교회의 건강을 위해서, 그리고 앞과 같은 훈련이 필요한 설교자를 위해서 우리는 체계적 강해로 돌아가야만 합니다. 그런데 체계적 강해를 할 때는 청중을 세심히 고려하여 그들이 소화할 수 있는 양보다 많이 주어서는 안 됩니다. 모든 회중이 여러 달에 걸쳐 이어지는 긴 강해를 소화할 만큼 영적으로 성숙하거나 갈급한 것은 아니기 때문입니다. 그러나 본문 한 단락(또는 여러 단락이나 한 장)을 취하여 몇 주 또는 몇 달 동안 강해한다면 청중은 말씀으로 넉넉히 채워질 것이고 스스로 성경을 연구하는 방법도 배울 것입니다. 그리고 우리 설교자들은 하나님의 온전한 지혜를 드러내고자 할 때 필요한 용기를 기르게 될 것입니다.

겸손

안타깝게도 우리는 강단에서 용기를 내겠다는 결심 때문에 완고해지거나 교만해질 수 있습니다. 설교자가 거침없이 설교할 수는 있지만 그 때문에 교만해지면 설교를 망치기도 합니다. 어느 설교자에게나 중요한 문제인 교만은 많은 설교자를 무너뜨렸고 이들의 사역을 무력화시켰습니다.

　어떤 이들은 너무나 분명히 교만합니다. 이들은 느부갓네살의 오만한 말을 그대로 반복하는 듯합니다. "이 큰 바벨론은 내가 능력과 권세로 건설하여…이것으로 내 위엄의 영광을 나타낸 것이 아니냐?"(단 4:28-37) 헨리 워드 비처(Henry Ward Beecher)는 "이 설교자들이 느부갓네살처럼 정신을 차리고 겸손해질 수 있다면 부디 이들도 느부갓네살처럼 잠시 초원으로 가게 되기를"이라고 말합니다.[87]

교만은 어떤 설교자들에게는 더 간접적이고, 더 기만적이며, 더 고질적입니다. 끊임없이 찬사를 갈구하면서도 겸손해 보일 수 있습니다. 그리스도께 영광을 돌리는 바로 그 순간에도 실제로는 설교자 자신의 영광을 구할 수 있습니다. 회중에게 하나님을 찬양하자고 호소할 때도, 심지어 회중을 찬양으로 인도하면서도 그들이 약간의 찬양은 자신에게 나누어 주길 은밀히 바랄 수 있습니다. 우리는 백스터와 더불어 부르짖어야 합니다. "오, 이 얼마나 끈질긴 동반자요, 포학한 사령관이며, 교묘하고 음흉하며 간사한 원수인가, 교만이라는 죄는!"[88]

우리는 이 원수와 싸워야 합니다. 교만과 싸우는 한 가지 방법은 겸손의 핵심이 "겸손하게 네 하나님과 함께 행하는 것"임을 기억하는 것입니다(미 6:8). 하나님의 말씀에 순종하고, 우리 주님을 높이고, 성령께 의존하도록 우리가 부름받았음을 되새겨야 합니다. 자신보다 타인을 귀하게 여기고 기쁘게 섬겨야 합니다(빌 2:3-4; 벧 5:5). 이를 위해서는 겸손한 지성, 겸손한 동기, 겸손한 의존이 필요합니다.

겸손한 지성은 폐쇄적이거나 무비판적이지 않습니다. 겸손한 지성은 자신의 한계를 인식합니다. 겸손한 지성은 시편 131편 1절에 나타난 바와 같습니다. "여호와여 내 마음이 교만하지 아니하고 내

눈이 오만하지 아니하오며 내가 큰 일과 감당하지 못할 놀라운 일을 하려고 힘쓰지 아니하나이다." 겸손한 지성은 하나님이 전지하시며 "이 지식이 내게 너무 기이하니 높아서 내가 능히 미치지 못[함]"을 인식합니다(시 139:6). 겸손한 지성은 하나님이 우리의 이해 너머에 계시며, 하늘이 땅보다 높음같이 그분의 생각과 길이 우리의 생각과 길보다 높다는 점을 압니다(사 55:8-9). 겸손한 지성은 하나님의 자기계시가 없으면 결코 그분을 알 수 없다는 점을 깨닫습니다. 겸손한 지성은 "하나님의 어리석음이 사람보다 지혜[로움]"을 이해합니다(고전 1:25). 그분께 지식이나 조언을 드리는 것은 고사하고, 우리가 스스로의 힘으로 그분의 마음을 알 수 있다고 생각한다면 어리석은 일입니다(롬 11:33-34). 따라서 우리는 자유롭게 그분의 계시를 반박하거나, 그분의 구원 계획 또는 그 계획의 중심에 있는 십자가를 비판할 처지가 못 됩니다. 하나님은 "내가 지혜 있는 자들의 지혜를 멸하[겠다]"고 말씀하시며 그분의 지혜 안에서 복음의 "미련한 것"으로 우리를 구원하십니다(고전 1:18-25; 또한 3:18-20을 보라). 그러므로 우리 자신과 타인 안에서 "하나님 아는 것을 대적하여 높아진 것을 다 무너뜨리고 모든 생각을 사로잡아 그리스도에게 복종하게 하[기]" 위해서 우리가 할 수 있는 모든 것을 하는 것이 우리의 책임입니다(고후 10:5).

이렇게 그리스도 안에서 드러난 하나님의 계시에 순종하는 것은 설교에 영향을 줍니다. 겸손한 지성을 지닌 설교자는 성경을 우리 시대가 좀더 수용할 만한 것으로 만들기 위해 본문을 교묘하게 바꾸는 일을 거부할 것입니다. **성경 본문**을 더 수용할 만한 것으로 만들려는 시도는 모두 사실은 **우리 자신**을 더 수용할 만하게 혹은 더 인기 있게 만들려는 노력입니다.

하나님의 말씀에 더한 것은 바리새인의 잘못이었고, 하나님의 말씀에서 뺀 것은 사두개인의 잘못이었습니다. 예수님은 양편 모두를 비판하시면서 하나님의 말씀은 홀로 서도록 해야 한다고, 더함이나 덜함 없이, 확장이나 변경 없이 지고하고 온전하게 그 권위를 스스로 드러내도록 두어야 한다고 주장하셨습니다. 하나님의 말씀에 복종하기를 거부하고 "바른 말 곧 우리 주 예수 그리스도의 말씀과 경건에 관한 교훈을 따르지 아니하[는]" 사람은 모두 "교만하여 아무것도 알지 못하[는]" 이에 속합니다(딤전 6:3-4; 딛 1:9-10). 기독교 설교자는 새 교리를 만드는 창작자나 옛 교리를 없애는 편집자가 되어서는 안 됩니다. 기독교 설교자는 하나님의 가족에게 성경의 진리를 충실하게 나누어 주는 청지기가 되어야 합니다. 더함도, 덜함도, 다름도 없어야 합니다.

이것을 지키려면 매일 성경 앞으로 나아가 예수님의 발치에 앉았던 마리아처럼 겸허히 앉아 그분의 말씀을 들어야 합니다. 기대하며 말씀 앞으로 나가야 합니다. 예수님이 분명히 설명하셨듯 하나님은 그분의 비밀을 지혜롭고 슬기 있는 자들에게는 숨기시고, 대신 어린 아이들, 마음을 열고 겸손하게 진리를 찾는 자들에게 나타내시기 때문입니다(마 11:25).

겸손한 지성은 **겸손한 동기**를 동반해야 합니다. 우리는 왜 설교합니까? 우리는 무엇을 성취하려고 합니까? 너무나 많은 경우 우리의 동기는 이기적입니다. 우리는 사람들의 칭찬과 축하를 바랍니다. 예배가 끝나면 문 옆에 서서 회중이 해 주는 말을 즐깁니다. 분명 진실한 감사의 말은 자신감 없는 설교자에게 큰 격려를 줄 수 있습니다. 그러나 쓸데없는 아첨은 설교자에게 해가 되고 하나님을 노하게 합니다. 그러므로 회중이 격려를 할 때는 신중하도록 권면해야 합니다.

성경을 충실하고 적실하게 강해하여 예수 그리스도가 모든 필요를 충족하실 수 있다는 것을 보여 주는 것이 설교의 주목적입니다. 참된 설교자는 증언자입니다. 참된 설교자는 끊임없이 그리스도를 증언합니다. 하지만 겸손이 없으면 그는 이 일을 하고 싶지 않고 할 수도 없습니다. 이를 잘 인식한 제임스 데니(James Denney)는 다음 글귀를 액자에 넣어 스코틀랜드에 있는 교회 성구실에 걸어 두었습니다. "누구도 그리스도와 자신을 동시에 증언하지 못한다. 누구도 자기 자신이 똑똑하다는 인상을 주면서 그리스도가 우리를 구원할 만큼 강력하다는 인상을 줄 수는 없다."[89]

다시 말해서 설교는 하나님과 하나님 백성의 만남을 장려하기 위한 것입니다. 도널드 밀러(Donald G. Miller)는 이를 좀더 강하게 표현합니다. "자신과 회중 양자의 만남이 하나님이 친히 살아서 참여하시는 삼자의 만남으로 바뀔 때까지는 누구도 진정으로 설교한 것이 아니다."[70] 저도 동의합니다. 설교자가 경험할 수 있는 가장 감동적인 순간은 설교 도중 회중 가운데 기이한 정적이 감도는 때입니다. 졸던 이가 깨어나고, 기침 소리가 멈추고, 안절부절못하던 이가 가만히 앉아 있습니다. 정처 없이 헤매는 시선도, 마음도 없습니다. 모든 사람이 귀를 기울입니다. 그러나 설교자에게 귀를 기울이는 것이 아닙니다. 설교자는 잊히고, 사람들은 살아 계신 하나님을 대면합니다. 그분의 고요하고 세미한 음성을 듣습니다.

성경의 이미지는 이를 좀더 분명히 보여 줍니다. 구약은 야훼와 이스라엘의 관계를 결혼으로 설명하며, 신약에서 예수님은 자신을 신랑이라고 칭하셨습니다(막 2:19-20). 세례 요한의 역할은 예수님에 앞서 보냄을 받은 선발자(forerunner)였습니다. 세례 요한은 결혼식이 잘 진행되고 신랑과 신부 사이에 아무 문제가 없도록 자신이 할 수 있는 것은 모두 하고 싶어 하는 신랑의 들러리와 같았습니다. 세례 요한은 이렇게 말합니다. "신부를 취하는 자는 신랑이나 서서 신랑의 음성을 듣는 친구가 크게 기뻐하나니 나는 이러한 기쁨으로 충만하였노라. 그는 흥하여야 하겠고 나는 쇠하여야 하리라 하니라"(요

3:29-30). 설교자의 사역은 세례 요한의 사역과 같습니다. 그리스도의 길을 준비하고 그리스도의 음성에 크게 기뻐하며 그리스도가 신부와 함께하게 하고, 그리스도가 높아지도록 자신은 계속해서 낮아지는 사역입니다.

사도 바울은 이것이 자신의 사역임을 분명히 알았습니다. 사도 바울은 고린도인에게 보내는 편지에서 "내가 너희를 정결한 처녀로 한 남편인 그리스도께 드리려고 중매함이로다"라고 썼습니다. 그는 그리스도를 대신하여 질투를 느끼기까지 했습니다. 그리스도의 신부에게 부정의 징후가 나타났기 때문이었습니다(고후 11:2-3). 조잇(J. H. Jowett)은 "우리는 신랑의 친구가 되어야 한다. 사람들을 설복하여 우리가 아니라 그분께 이끄는, 주를 위해 중매를 서는, 신랑과 신부를 한자리에 데려다 놓을 때 말할 수 없이 만족하는 신랑의 친구가 되어야 한다"라고 말했습니다.[91]

마지막으로 우리는 **겸손한 의존**을 보여야 합니다. 모든 설교자는 설교가 유효하기를 바랍니다. 사람들이 우리 설교에 귀 기울이기를, 설교를 이해하기를, 믿음과 순종으로 반응하기를 희망합니다. 그런데 이것을 이루기 위해 우리는 무엇에 의존합니까?

많은 이가 자기 자신에게 의존합니다. 이들은 강인하고 외향적입니다. 예리한 지성을 지닌 이들도 있습니다. 그래서 만나는 모든 사람에게 인상을 남깁니다. 이들은 타고난 지도자입니다. 이들은 자연스럽게 이러한 은사를 강단에 설 때도 써야겠다고 생각합니다. 이렇게 하는 것이 옳습니까? 옳기도 하고 그르기도 합니다. 분명 이들은 이 은사가 하나님에게서 온 것임을 인식해야 합니다. 이런 은사가 없는 척해도 안 되고, 은사를 억눌러도 안 되며, 적절히 사용하는 것을 잊어도 안 됩니다. 반면 아무리 하나님이 주신 재능이 있어도 하나님이 주시는 은혜가 더해지지 않는데 사람들을 그리스도께 이끌 수 있다고 생각해서는 안 됩니다.

우리는 그리스도 없는 사람들의 가련한 영적 상태와 우리를 반대하는 어둠의 세력이 지닌 무서운 힘과 능력을 모두 기억해야 합니다. 예수님은 신체장애와 관련지어 길 잃은 인간의 상태에 대해 말씀하셨습니다. 홀로 애쓸 때 우리는 하나님의 진리를 보지 못하는 시각장애인이요 하나님의 음성을 듣지 못하는 청각장애인입니다. 그분의 길로 걷지 못하는 지체장애인이요 그분을 위해 노래하거나 말을 하지 못하는 언어장애인입니다. 심지어 우리는 자신의 불법과 죄 때문에 죽은 자입니다. 사탄의 세력에 붙잡힌 노예이기도 합니다. 물론 이런 말이 과장이거나 거짓이라고 생각한다면 초자연적 능력이 필요하다는 사실도 깨닫지 못할 것입니다. 그러나 사람들이 영적으로나 도덕적으로 눈멀고, 귀먹고, 말 못하고, 걷지 못하는, 심지어는 사탄에게 구금되거나 사망한 상태라는 것이 사실이라면 고작 우리 인간의 설교와 힘만으로 그들에게 닿을 수 있다는, 혹은 그들을 구할 수 있다는 생각은 허황한 것입니다.

오직 예수 그리스도만이 그분의 성령을 통하여 시각장애인의 눈을 뜨게 하고, 청각장애인의 귀를 열며, 지체장애인을 걷게 하고, 언어장애인을 말하게 할 수 있습니다. 오직 그분만이 양심을 깨우고, 지성을 깨우치며, 마음을 뜨겁게 하고, 의지를 움직이고, 죽은 자에게 생명을 주고, 사탄의 노예가 된 자를 구출하실 수 있습니다. 그러므로 설교자로서 우리에게는 "위로부터 능력으로 입혀[지는]" 것이 가장 필요합니다(눅 24:49). 사도들처럼 우리는 "하늘로부터 보내신 성령을 힘입어" 복음을 설교해야 합니다(벧전 1:12). 그러면 복음이 "말로만…아니라 또한 능력과 성령과 큰 확신으로" 사람들에게 이를 것입니다(살전 1:5).

이 능력이 왜 우리의 설교에서는 보이지 않습니까? 우리의 교만이 주된 원인라는 생각이 강하게 듭니다. 성령으로 채워지려면 먼저 우리가 비어 있는 존재라고 시인해야 합니다. 하나님께 쓰임받으려면 먼저 그분의 능하신 손 아래서 스스로를 낮추어야 합니다(벧전 5:6). 그분의 능력을 받으려면 먼저 자신의 약함을 인정하고 이것을 기뻐해야 합니다.

'약함을 통한 능력'이라는 개념은 바울이 고린도인에게 보낸 편지에서 거듭 반복됩니다. 고린도인들은 교만했습니다. 그들은 자신의 재능과 성취, 자신의 지도자를 자랑했습니다. 바울은 큰 충격을 받았습니다! 고린도인들이 그리스도 한 분께만 합당한 존경을 바울에게 표했던 것입니다. 바울은 경악하면서 "바울이 너희를 위하여 십자가에 못 박혔으며 바울의 이름으로 너희가 세례를 받았느냐?"라고 소리칩니다(고전 1:13). 그는 "그런즉 누구든지 사람을 자랑하지 말[고]" "자랑하는 자는 주 안에서 자랑하라"고 단언합니다(고전 3:21; 1:31).

이러한 상황을 배경으로 바울의 '약함을 통한 능력'이라는 주제가 선명하게 드러납니다. 이 주제가 등장하는 주요 본문이 세 군데 있습니다.

> 내가 너희 가운데 거할 때에 약하고 두려워하고 심히 떨었노라. 내 말과 내 전도함이 설득력 있는 지혜의 말로 하지 아니하고 다만 성령의 나타나심과 능력으로 하여 너희 믿음이 사람의 지혜에 있지 아니하고 다만 하나님의 능력에 있게 **하려** 하였노라. (고전 2:3-5)

> 우리가 이 보배를 질그릇에 가졌으니 이는 심히 큰 능력은 하나님께 있고 우리에게 있지 아니함을 알게 **하려** 함이라. (고후 4:7)

> 너무 자만하지 않게 하시려고 내 육체에 가시 곧 사탄의 사자를 주셨으니 이는 나를 쳐서 너무 자만하지 않게 하려 하심이라. 이것이 내게서 떠

나가게 하기 위하여 내가 세 번 주께 간구하였더니 나에게 이르시기를 내 은혜가 네게 족하도다. 이는 내 능력이 약한 데서 온전하여짐이라 하신지라. 그러므로 도리어 크게 기뻐함으로 나의 여러 약한 것들에 대하여 자랑하리니 이는 그리스도의 능력이 내게 머물게 **하려** 함이라. 그러므로 내가 그리스도를 위하여 약한 것들과 능욕과 궁핍과 박해와 곤고를 기뻐하노니 이는 내가 약한 그 때에 강함이라. (고후 12:7-10)

반복해서 사용된 단어 '하려'에 주목하십시오. 바울의 진술을 제 언어로 다시 써 보겠습니다.

"저는 여러분과 함께 있을 때 개인적 약함을 경험하고 있었습니다. 그러므로 저는 제가 전하는 메시지의 진리를 강력하게 입증하시는 성령께 의존했습니다. 이것은 여러분의 믿음이 오직 하나님의 능력만을 의지하게 **하려** 함이었습니다."

"우리는 복음이라는 보배를 깨지기 쉬운 질그릇에 담아 두고 있습니다. (우리 몸은 질그릇처럼 약하고 부서지기 쉽습니다.) 이것은 우리를 계속 전진하게 하고 여러분을 회심하게 한 거대한 힘이 우리가 아니라 하나님에게서 나온다는 것을 분명히 볼 수 있게 **하려** 함입니다."

"예수님이 그분의 능력은 인간의 약함 속에서 온전해진다고 제게 말씀하셨으므로, 저는 기쁜 마음으로 제 약함을 자랑할 것입니다. 이는 그리스도의 능력이 제게 머물도록 **하려** 함입니다.…저는 오직 약할 때에만 강하기 때문입니다."

우리는 반복되는 이 단어의 의미를, 혹은 이 단어가 가리키는 결론을 무시할 수 없습니다. 인간의 약함이 지속되는 데는 그것을 허락하신 의도가 있습니다. 이 약함을 통해 하나님의 능력이 활동하고 드러나기 때문입니다. 바울은 (그것이 신체적인 것이든 심리적인 것이든) 육체의 가시가 "사탄의 사자"임을 인식했습니다. 그러나 주 예수 그리스도께서는 이 가시를 없애 달라는 바울의 간청을 거절하셨습니다. 가시는 바울을 겸손하게 하려고 주어졌습니다. 이는 바울의 약함 속에서 그리스도의 능력이 바울에게 머물도록, 이 능력이 바울 안에서 온전해지도록 **하려** 함이었습니다.

설교자는 모두 죄와 한계를 지닌, 약하고 불완전한 '질그릇' 혹은 '토기'입니다. 능력은 그리스도께 있으며 성령을 통해 나옵니다. 인간의 약함 속에서 우리가 하는 말을 성령이 그분의 능력으로 듣는 이의 생각과 마음, 양심, 의지에 이르게 하십니다.

기록된 하나님의 말씀에 순종하는 지성, 그리스도가 그분의 백성과 만나기를 바라는 동기, 성령의 능력에 대한 의존, 이 세 가지 겸손이 우리에게 필요합니다. 우리의 메시지는 우리의 말이 아닌 하나님의 말씀이어야 하고, 우리의 목적은 우리의 영광이 아닌 그리스도의 영광이어야 하며, 우리의 자신감은 우리의 능력이 아닌 성령의 능력에서 비롯해야 합니다.

맺음말

이 책은 본래 『나는 설교를 믿습니다』라는 제목으로 출간되었습니다. 이 제목은 강한 개인적 확신을 보여 줍니다. 참으로 저는 설교를 믿습니다. 진정한 성경적 설교야말로 교회에 건강과 활기를 되찾아 주고, 교회 구성원을 그리스도 안에서 성숙으로 이끌 수 있다고 믿습니다.

분명 이 신념에는 반대 의견이 있고, 이 책에서 이러한 의견을 마주하고자 하였습니다. 반면 이 신념을 뒷받침하는 더욱 탄탄한 신학적 주장도 있어서, 이러한 주장도 전달하려고 노력했습니다. 확실히 오늘날 설교는 지극히 힘든 과업입니다. 말씀과 세상, 하나님의 계시와 인간의 경험 사이에 다리를 놓는 일은 쉽지 않습니다. 그래서 하나님은 연구와 준비에 더 많은 시간을 할애하라고 다시금 우리를 부르십니다. 하나님은 정직성과 진정성, 용기와 겸손을 갖고 설교하겠다는 결단을 하라고 새롭게 우리를 부르십니다.

설교는 커다란 특권이자 무거운 책임이며, 설교자에게는 많은 유혹이 있고, 설교자에게 요구되는 기준은 높습니다. 그런데 어떻게 우리가 설교를 넉넉히 감당하리라 바랄 수 있을까요?

단순한 비밀 하나를 나누고 싶습니다. 제 자신도 기억하는 데 애를 먹지만 이 비밀을 상기할 때마다 저는 지극히 큰 유익을 누립니다. 이 비밀은 '어디를 가든 우리는 하나님을 벗어나지 못한다'는 시편 139편의 부정 진술로 시작합니다. 그렇지만 시편은 긍정 진술로 뒤를 잇습니다. 우리가 어디에 있든 "거기서도" 그분의 오른손이 우리를 인도하며 붙드십니다. 나아가 그분의 눈이 우리를 "주목하[시며]", 그분의 귀가 우리의 말과 기도에 열려 있습니다(시 32:8; 34:15; 벧전 3:12). 이 진리는 모든 그리스도인에게 중요하지만 특히 설교자에게 중요합니다. 예레미야와 바울이 이를 확증합니다.

예레미야: 내 입술에서 나온 것이 주의 목전에 있나이다. (렘 17:16)

바울: 우리는…곧 순전함으로 하나님께 받은 것같이 하나님 앞에서와 그리스도 안에서 말하노라. (고후 2:17)

우리는 그리스도 안에서 하나님 앞에 말하노라. (고후 12:19)

그렇습니다. 우리는 사람들이 보고 듣는 앞에서 설교하며, 그들을 보면서 충실하게 설교해야 한다는 도전을 받습니다. 그러나 하나님이 보고 들으시는 앞에서 우리가 설교한다는 자각은 훨씬 큰 도전입니다. 하나님은 우리의 행동을 보고, 우리의 말을 들으십니다. 그분께는 보이지 않는 마음도, 감추인 비밀도 없습니다. 우리의 게으름과 냉담, 위선, 비겁함, 교만을 제거하는 데 하나님이 보고, 들으며, 주목하신다는 사실을 아는 것보다 더 효과적인 것은 없습니다.

하나님이 우리가 그분을 더 꾸준하고 분명하게 의식할 수 있도록 허락하시길 바랍니다. 우리가 설교할 때 그분이 보고 들으신다는 사실을 더 깊이 인식하고, 이 인식을 통해 더 충실한 설교자가 되도록 허락하시기를 소원합니다!

부록 1. 설교의 영광: 역사적 개관

설교는 교회사 전반에 걸쳐 중요하게 인식되었습니다. 교회사를 개관하면서 이 점을 확인해 보겠습니다.

예수님과 사도들

복음서 저자들은 반복해서 예수님을 설교자로 제시합니다. 예수님은 갈릴리와 유대의 "여러 동네에서 가르치시며 전도하시려고" 떠나셨습니다(마 11:1; 눅 4:44). 나사렛 회당에서 예수님은 자신이 이사야 61장의 예언의 성취로서 말씀 선포를 위해 보냄을 받았다고 선언하셨습니다(눅 4:16-20, 43; 또한 막 1:38을 보라). 예수님은 '랍비' 혹은 '선생'이라는 호칭을 받아들이셨습니다(요 4:31; 9:2). 그분은 대제사장에게 심문받을 때 자신이 "드러내 놓고 세상에 말하였[고]" "은밀하게는 아무것도 말하지 아니하였[다]"고 대답하셨습니다(요 18:20). 예수님은 빌라도에게 자신이 "진리에 대하여 증언하[기 위해]" 오셨다고 말씀하셨습니다(요 18:37).

또한 예수님은 제자들을 보내 말씀을 선포하게 하셨습니다. 처음에는 "이스라엘 집의 잃어버린 양"에게(마 10:6), 나중에는 "모든 민족"에게 보내셨습니다(마 28:19; 눅 24:47). 제자들은 그분께 순종했습니다. "제자들이 나가 두루 전파할새…"(막 16:20). 사도들은 다른 일로 산만해지는 것을 피하고 오로지 "기도하는 일과 말씀 사역"에 주의를 기울였습니다(행 6:4). 이것은 예수님이 그들에게 명하신 과업이었습니다.

사도행전을 보면 예루살렘에서 베드로와 다른 사도들이 "담대히 하나님의 말씀을 전하[는]" 장면이 나옵니다(행 4:31). 바울이 선교 여행을 세 차례 떠나는 장면도 나오는데 이것은 바울이 말씀 선포를 반드시 해야 할 일로 여겼기 때문입니다(고전 9:16). 가택 연금된 상황에서도 바울은 "하나님의 나라를 전파하며 주 예수 그리스도에 관한 모든 것을 담대하게 거침없이 가르[쳤습니다]"(행 28:31). 바울은 죄인이 구세주에 대해 들을 수 있도록 하나님이 정하신 방법이 설교라는 것과 설교가 없으면 복음의 메시지를 듣지 못한다는 것을 알았습니다(롬 10:14). 생애 마지막 무렵 바울은 자신이 받은 사명을 청년 디모데에게 넘겨주면서 "너는 말씀을 전파하라. 때를 얻든지 못 얻든지 항상 힘쓰라. 범사에 오래 참음과 가르침으로 경책하며 경계하며 권하라"고 교훈합니다(딤후 4:2).

교부들

초기 교회 교부들도 설교의 중요성을 강조했습니다. 2세기 초에 기록된 교회 지침인 "디다케"(*Didache*)는 가르치는 사역을 다양하게 언급합니다. 이 지침은 순회 교사들이 참되다면 이들을 환영해야 한다고 명시합니다. (거짓 교사는 사도적 신앙과 모순되는 가르침과 행동으로 가려낼 수 있었습니다. 거짓 교사는 이틀 넘게 머무르며 돈을 요구하기도 했고, 설교한 대로 실천하지 못했습니다.)[92] 참된 교사에게는 겸손히 귀를 기울이고 "항상 들은 말씀을 두려워해야" 합니다. 신자는 "하나님의 말씀을 전하는 이를 주야로 기억하고 주께 하듯 그를 공경해야" 합니다.[93]

2세기 중반 순교자 유스티누스(Justin Martyr)는 『제일 변증론』(*First Apology*)으로 알려진 문서를 내놓았습니다. 이 책에서 유스티누스는 그리스도가 진리의 화신이며 만물의 구원자이므로 기독교가 참되다고 주장했습니다. 책 말미에는 당시 그리스도인의 예배를 묘사했는데, 예배의 성경 낭독과 설교를 강조했습니다.

> 그리고 일요일이라 부르는 날에 도시나 시골에 사는 모든 이가 한 장소에 모이고, 시간이 허락하는 만큼 사도들의 언행록이나 선지자의 글을 낭독한다. 그런 뒤 낭독자가 읽기를 그치면 지도자가 말로써 가르치고, 이런 선한 것들을 닮으라고 권면한다.[94]

라틴 교부 테르툴리아누스(Tertullian)도 2세기 말 『변증론』(*Apology*)을 썼습니다. 이 책에서 그는 그리스도인 간의 사랑과 일치를 강조하고, 그리스도인의 모임을 묘사합니다.

> 우리는 모여서 우리의 거룩한 글을 읽는다.…거룩한 말씀으로 믿음을 키우고, 희망을 고취하고, 확신을 더욱 견고히 하며, 다름 아닌 하나님의 계명을 거듭 훈계함으로써 좋은 습관을 굳힌다. 같은 자리에서 권면도 이루어지고, 견책과 거룩한 책망도 실행된다.[95]

초기 기독교 설교자 가운데 가장 유명한 인물로 398년 콘스탄티노플의 대주교가 된 요한 크리소스토무스가 있습니다. 그는 크리소스토무스, 즉 "황금 입을 가진 자"라는 별칭을 얻었고, 지금도 "그리스 교회의 가장 위대한 설교자"이자 "대도시 설교자의 모범"으로 여겨집니다.[96] 에베소서 6장 13절에 바탕을 둔 설교에서 크리소스토무스는 우리 인간의 몸과 마찬가지로 그리스도의 몸도 여러 질병에 걸릴 수 있다고 지적합니다. 우리 자신의 신체적 건강을 회복하기 위해 많은 걸 할 수 있습니다. 그렇다면 질병에 걸린 그리스도의 몸을 고치기 위해서는 무엇을 할 수 있습니까?

치료의 한 가지 유일한 수단, 한 가지 방법이 우리에게 주어져 있다. 그것은 말씀을 가르치는 것이다. 말씀은 최고의 도구요, 최상의 식단이며 기후다. 말씀은 약 대신 사용되고, 뜸질과 절단 대신 사용된다. 지져야 하든 잘라내야 하든 이 한 가지 방법을 반드시 사용해야 한다. 말씀이 없으면 아무것도 소용이 없다.[97]

크리소스토무스의 설교는 몇 가지 이유에서 기억할 만한 설교였습니다. 첫째, 크리소스토무스의 설교는 성경적이었습니다. 그는 성경의 여러 책을 처음부터 끝까지 체계적으로 설교했을 뿐 아니라 그의 설교는 성경의 인용과 암시로 가득했습니다. 둘째, 그의 성경 해석은 단순하고 명쾌했습니다. 셋째, 그의 도덕적 적용은 현실적이었습니다. 그의 설교를 읽으면 그가 살던 도시의 생활―황궁의 장려함, 귀족층의 사치스러움, 전차 경주의 격렬함―이 생생히 그려집니다. 넷째, 크리소스토무스는 잘못된 행위를 책망하는 일을 두려워하지 않았습니다. 그는 충실한 설교 때문에 유배되었고, 유배지에서 생을 마감했습니다.

수사들과 종교개혁자들

두 번째 천 년이 시작하는 시기로 빠르게 넘어가 봅시다. 이 시기에는 설교를 중요시하는 로마가톨릭 수도회들이 등장합니다. 프란치스코 수도회의 창립자인 아시시의 프란체스코(Francis of Assisi, 1182-1226)는 봉사와 청빈의 삶 못지않게 설교에도 헌신했습니다. 프란체스코는 "당신이 가는 모든 곳에서 말씀을 전하지 않으면, 말씀을 전하러 어디로든 가는 것은 소용이 없다"고 주장했습니다. 동시대 사람 도미니쿠스(Dominic, 1170-1221)는 복음을 전하기 위해 많은 지역을 여행했고 자신을 따르는 이들을 모아 '설교자들의 수도회'(Order of Preachers)를 조직했습니다. 이 수도회가 잘 알려진 도미니코 수도회입니다. 이러한 수도회의 저명한 지도자들은 심지어 설교를 경청하는 것이 미사에 참여하는 것보다 훨씬 더 중요하다고까지 주장했습니다.[98]

하나님의 말씀을 설교하는 데 이렇게 초점을 맞춘 것을 생각하면 종교개혁의 선구자 혹은 '샛별' 옥스퍼드의 존 위클리프(1329-1384)의 등장은 놀랍지 않습니다. 위클리프는 성경이 신앙과 삶의 최고 권위가 되어야 함을 점차 깨닫고 처음으로 라틴어 성경을 영어로 완역하는 일을 지휘합니다. 자신도 성실한 성경 설교자였던 위클리프는 성직자의 주된 과업이 설교임을 조금도 의심하지 않았습니다.[99]

> 이 세상에서 인간이 다다를 수 있는 최고의 섬김은 하나님의 말씀을 설교하는 일이다.…그리고 이 이유 때문에 예수 그리스도는 다른 사역을 미루시고 대부분 설교하는 일에 전념하셨고, 사도들도 이와 같이 행했으며, 이런 이유로 하나님은 그들을 사랑하셨다.…교회는…하나님의 말씀을

선포함으로써 가장 영화롭게 되며, 따라서 설교는 성직자들이 하나님께 드릴 수 있는 최상의 섬김이다.[100]

르네상스 시대에는 에라스뮈스(Erasmus)와 토머스 모어(Thomas More) 같은 이들이 성경과 초기 기독교 지도자들의 글을 연구했습니다. 그 결과 이들은 교회의 부패를 비판하고 하나님의 말씀에 기초한 개혁을 요구했습니다. 에라스뮈스는 이 일에 설교자들이 핵심 역할을 해야 함을 깨닫고 이렇게 썼습니다.

> 성직자의 가장 중요한 역할은 가르치는 일이다. 가르침을 통해 성직자는 지도하고, 훈계하고, 책망하고, 위로한다. 세례는 평신도가 줄 수 있다. 기도는 모든 사람이 할 수 있다. 성직자는 항상 세례를 주지는 않고, 항상 죄의 용서를 선언하지도 않지만, 가르치는 일은 항상 해야 한다. 누군가 교리문답을 하지 않았다면 세례를 받는 것이 무슨 유익이 있는가? 성찬식의 의미를 알지 못한다면 성찬대로 나오는 것이 무슨 소용인가?[101]

이러한 내용은 '에라스뮈스는 알을 낳았고 루터는 그 알을 부화했다'는 경구를 설명해 줍니다. 마르틴 루터(1483-1546)도 가르침에 대한 에라스뮈스의 강조에 동의하고 이를 확장했기 때문입니다. 다른 종교개혁 지도자와 마찬가지로 루터도 제단보다 강단을 더 중요하게 여겼습니다. 사람들이 구원을 얻는 것은 하나님의 말씀을 듣고 받아들이기 때문이지, 단순히 미사에 참석하고 성찬식에서 빵과 포도주를 받아서가 아니기 때문이었습니다.

루터는 하나님의 말씀이 지닌 해방하는 능력과 이 능력이 영적 생활에서 차지하는 중요성을 강조합니다. "교회는 약속의 말씀에 생명을 빚지고 있고, 이 동일한 말씀으로 양분을 공급받고 보존된다."[102] 루터는 이렇게 주장합니다.

> 영혼은 하나님의 말씀을 제외하면 다른 모든 것 없이도 살 수 있고…만일 영혼이 말씀을 소유한다면 영혼은 부요하고 아무런 결핍이 없다. 이 말씀은 생명, 진리, 빛, 평화, 의, 구원, 기쁨, 자유의 말씀이기 때문이다.… 그리스도를 설교한다는 것은 영혼을 먹이는 것, 영혼을 의롭게 하는 것, 영혼을 자유롭게 하고 구원하는 것을 의미한다.[103]

루터가 하나님의 말씀을 중요하게 여기는 견해(high view)를 지녔음을 고려하면 그가 설교를 모든 주교와 목회자의 "유일한 최고 의무이자 본분"으로 생각한 것은 놀랍지 않습니다.[104] 루터는 좋은 설교자의 아홉 가지 특징을 찾아냈습니다. 좋은 설교자는 "체계적으로 가르치고…재치[지성]가 있고…언변이 뛰어나고…음성이 좋고…기억력이 좋아야" 합니다. 또한 "끝내야 할 때를 알고…[그리고]…자기 교리를 확신해야" 합니다. 루터는 좋은 설교자를 판별하는 최종 기준은 설교자가 자기가 한 설교 때문에 조롱을 받고, 목숨과 재산, 좋은 평판을 잃을 준비가 되어 있는지 여부라고 했습니다.[105]

실제로 루터 자신도 이러한 높은 요구 사항을 좇아 살았습니다. 그는 종교적·정치적 박해를 모두 감내하면서 "그것 때문에 내 육체와 내 생명을 잃을지라도 나는 하나님의 참된 말씀에서 떠날 수 없다"고 단언했습니다.[106]

장 칼뱅(1509-1564)도 하나님의 말씀을 설교하는 일에 헌신했습니다. 칼뱅은 스스로 말씀을 읽지 못하는 이들을 포함하여 모든 연령의 평범한 그리스도인들에게 설교했습니다. 역사적·신학적 맥락 모두에 면밀히 주의를 기울이면서 성경을 절별로, 장별로 강해했습니다. 그는 또한 목회자들이 더 나은 설교자가 되도록 돕기 위해 『기독교 강요』(*Institutes of the Christian Religion*)와 여러 주석서를 책으로 펴냈습니다.

칼뱅의 메시지는 잉글랜드 종교개혁자들로 이어졌습니다. 잉글랜드 종교개혁자들이 작성한 성공회 39개 신앙조항 제19조는 "그리스도의 가시적 교회는 신실한[믿는] 사람들의 모임이다. 여기서 하나님의 순수한 말씀이 선포되며 그리스도께서 제정하신 바에 따라 성사가 올바르게 집행된다"라고 말합니다. 성공회 서품식에서는 주교가 서품 대상자에게 직분의 상징으로 성경을 주고, "성경을 읽고 배우는 일…에 힘[쓸]" 것을 권면하며, 서품 대상자는 성령의 능력으로 "하나님의 말씀을 설교하고…모임에서 성사를 집행할" 권위를 부여받습니다.

청교도들과 복음주의자들

17세기 청교도를 지칭하는 호칭은 여러 개인데 모든 호칭이 칭찬의 의미는 아닙니다. 그중 청교도의 특징을 가장 함축적으로 보여 주는 호칭은 '거룩한 설교자들'입니다. 종교개혁자들과 마찬가지로 청교도들도 설교에 커다란 중요성을 부여했습니다. 청교도였던 리처드 백스터(1615-1691)는 목회자들의 무지와 게으름, 성적 방종에 고뇌하다가 『참된 목자』라는 책을 썼습니다(1656년에 쓰인 이 책은 지금도 출간되고 있습니다!). 이 책에서 백스터는 자신의 목회 사역 원리를 나눕니다.

> 우리는 할 수 있는 만큼 그들에게 하나님의 말씀과 사역을 가르쳐야 한다. 목회자는 참으로 이 두 권의 책[신약과 구약]을 설교해야 한다. 얼마나 위대하고, 얼마나 탁월하며, 얼마나 경이롭고, 얼마나 신비로운가! 모든 그리스도인은 그리스도의 제자 또는 학생이다. 교회가 그의 학교이고, 우리가 그의 선생[보조 교사]이며, 성경이 그의 기본서[교과서]다. 이것이 바로 우리가 그들에게 날마다 가르쳐야 하는 것이다.[107]

백스터의 가르침은 두 형식으로 이루어졌습니다. 백스터와 부목회자는 적어도 1년에 한 번 교구의 각 가정을 따로 만나 가르쳤습니다. 초대받은 가정은 약 한 시간 동안 백스터와 시간을 보내며 교리문답을 암송하도록 요청받았고 교리문답을 이해하는 데 필요한 도움을 받았습니다. 그리고 교리문답의 진리를 개인적으로 경험했는지에 관한 질문도 받았습니다. 이 방문은 목회자의 매주 일정에서 이틀을 차지했습니다. 가르침의 다른 형식은 공적으로 말씀을 설교하는 것이었습니다. 설교 사역에 대해 백스터는 이렇게 주장합니다.

> [이 사역은] 우리 중 그 누가 발휘하는 것보다 더 큰 능력, 특히 더 큰 활력과 열정이 요구된다. 회중을 마주하고 서서 우리 구주의 이름으로 살아 계신 하나님에게서 온 대로 메시지를 전달하는 것은 작은 일이 아니다.[108]

여러 해 지나 보스턴의 코튼 매더(Cotton Mather, 1663-1728)는 『학생과 설교자』(Student and Preacher)에서 '목회자 후보생을 위한 지침'을 제시합니다. 책의 서문은 이렇게 시작합니다.

> 기독교 목회자라는 직분은 올바로 이해할 때 이 세상에서 사람이 감당할 수 있는, 가장 영예롭고 중요한 일이다. 그리고 하나님의 지혜와 선이 왜 이 직분을 불완전한 죄인에게 주었는지 생각하는 일은 영원한 과업이자

신비 가운데 하나일 것이다!…기독교 설교자라는 직분을 계획하신 위대한 목적은 사람들의 영혼에 하나님의 왕권과 통치를 회복하기 위함이고, 하나님 아들의 경이로운 온전하심과 돌보심, 은혜를 가장 생생한 색채로 표현하고 가장 명료한 언어로 선포하기 위함이며, 사람들의 영혼을 그분과 영원한 우정의 상태로 이끌기 위함이다.[109]

1738년, 존 웨슬리라는 젊은이가 런던 올더스게이트가의 어느 모임에 참석했습니다. 그 모임에서 그는 "그리스도께, 오직 구원을 위해 그리스도께 믿음을" 두었고 곧 가슴이 뜨거워졌습니다. 자신의 죄가 사라졌고, 그리스도께서 죄와 사망의 법에서 자신을 구원하셨다고 확신한 웨슬리는 즉시 이 거저 받은 구원을 설교하기 시작했습니다. 백스터의 글에 영향을 받은 그는 한 가정씩 만나는 사역과 회심자에게 교리문답을 가르치는 사역을 장려합니다. 하지만 무엇보다도 웨슬리는 설교자였습니다. 그는 교회당과 교회 마당, 마을 공터, 들판, 야외 집회 장소에서 수많은 군중에게 설교했습니다. 웨슬리는 일기장에 "참으로 나는 설교함으로써 산다"라고 썼습니다. 웨슬리의 교과서는 언제나 성경이었습니다. 그리스도를 가리키고 구원에 이르는 길을 보이는 것이 성경의 최우선 목적이라는 점을 그가 알았기 때문입니다.

오, 그 책을 제게 주시기를! 값이 얼마든, 하나님의 책을 제게 주시기를! 이 책을 제가 소유합니다. 제게 충분한 지식이 여기 있습니다. 제가 호모 우니우스 리브리(*homo unius libri*, 한 책의 사람)가 되게 하소서. 이제 제가 이곳에, 인간의 분주한 길에서 멀리 떠나 이곳에 있습니다. 홀로 앉습니다. 오직 하나님만 이곳에 계십니다. 그분의 존전에서 제가 그분의 책을 펼치고, 읽습니다. 바로 이 목적, 천국에 이르는 길을 찾기 위해 읽습니다.[110]

존 웨슬리는 이러한 성경 묵상에서 얻은 깨달음을 설교했습니다. 자신이 발견한 것을 다른 이와 나누고, 천국과 거룩함에 이르는 길을 보여 주었습니다.

존 웨슬리가 더 유명하기는 하지만 그보다 조금 늦게 태어나 같은 시대를 산 조지 휫필드(1714-1770)는 분명히 더 영향력이 큰 설교자였습니다. 영국과 미국에서, 실내와 실외에서 휫필드는 매주 평균 스무 편의 설교를 서른네 해 동안 했습니다! 유창한 언변과 확신, 열심과 열정을 지녔던 그는 생생한 비유와 현실적 예화, 극적 제스처를 통해 생동감 넘치게 설교했습니다. 그가 청중에게 단도직입적인 질문을 던지거나 하나님과 화해하라고 진지하게 간청할 때 청중은 그에게 마음을 빼앗겼습니다. 휫필드는 자신이 전하는 메시지의 권위를 온전히 확신했고, 이 메시지가 하나님의 말씀으로서 합당한 존중을 받아야 한다는 의지가 확고했습니다. 한번은 휫필드가 설교하다가 "한 노인이 설교 시간에 자주 하던 대로 편한 자세를 취하고 조는 모습을 보았[습니다]." 휫필드는 처음에는 조용하게 설교했고, 노인을 내버려 두었습니다. 그러다가 이렇게 소리쳤습니다.

"만일 내가 내 자신의 이름으로 당신에게 말하러 온 것이면 당신은 잠을 잘 수도 있을 겁니다!…그러나 나는 만군의 주 하나님의 이름으로 당신에게 왔습니다. 그러니 (휫필드는 손뼉을 치고 발을 쿵쿵 굴렀다) 당신은 내 말을 들어야 하고, 들을 것입니다." 노인은 깜짝 놀라 깨어났다.[111]

19세기

찰스 시미언(1759-1836)은 케임브리지 대학을 다닐 때 회심하고 그곳에서 복음을 전하고자 하는 열망을 품었습니다. 시미언은 캠퍼스 중앙에 있는 성삼위일체교회를 지나면서 스스로에게 이렇게 말하곤 했습니다. "만일 하나님이 저 교회를 내게 주신다면, 그래서 내가 저곳에서 복음을 선포한다면, 이 대학 한복판에서 그분을 위한 전령이 된다면 얼마나 기쁠까."[112] 하나님은 그의 기도에 응답하셨고, 1782년 시미언은 성삼위일체교회 목회자가 되었습니다. 초기에 그는 격렬한 반대에 직면했으나 인내하며 사역을 계속했고 몇 해를 보내며 모두의 존경을 얻었습니다. 쉰네 해 동안 그곳에 있으면서 시미언은 성경을 체계적으로 열어 보여 주었고, 그의 묘비가 말해 주는 대로 "예수 그리스도와 그가 십자가에 못 박히신 것 외에는 아무것도 알지 아니하기로" 작정하고 사역했습니다. 시미언은 다음과 같이 선언했습니다.

> 목회자는 하나님의 사절이며, 그리스도를 대신하여 말한다. 만일 목회자들이 성경에 토대를 둔 내용을 설교한다면, 그들의 말은 그것이 하나님의 뜻에 합하는 한, 하나님의 말씀으로 간주되어야 한다. 이것은 우리 주님과 그분의 사도들이 단언한 바다. 그러므로 우리는 설교자의 말을 하나님 자신의 말씀으로 받아야 한다.[113]

고등비평과 찰스 다윈(Charles Darwin)의 진화론이 등장했음에도 불구하고 강단은 영국과 미국에서 19세기 내내 위신을 유지했습니다. 사람들은 존 헨리 뉴먼(John Henry Newman)과 찰스 해돈 스펄전(Charles Haddon Spurgeon) 같은 당대 위대한 설교자의 설교를 듣기 위해 몰려들었고, 이들의 설교문을 열심히 읽었습니다. 우리는 이러한 존경을 허먼 멜빌(Herman Melville)이 쓴 『모비딕』에 나오는 설교에서 조금 엿볼 수 있습니다. 소설에서 설교자는 뱃머리 모양의 강단에 서는데, 멜빌은 이 모양이 어울린다고 여깁니다. "강단은 세상을 이끌기" 때문입니다.[114] 오늘날 이렇게 주장하는 사람은 별로 없지만 멜빌의 독자들에게 이 말은 과장으로 들리지 않았을 것입니다.

20세기

20세기는 낙관적인 분위기에서 출발했습니다. 서구는 안정, 과학의 진보, 부를 기대했고, 교회와 설교자는 존중받았습니다. 그러나 몇 년 만에 이 낙관은 제1차 세계대전의 참상과 뒤이은 경제공황으로 산산이 부서졌습니다.

그렇지만 강단이 지닌 특별한 권위와 능력에 대한 신뢰는 살아남았습니다. 인간성에 대한 새로운 현실론과 하나님에 대한 새로운 믿음을 갖게 된 칼 바르트 같은 신학자들은 설교가 전보다 훨씬 더 중요하다고 확신했습니다. 제2차 세계대전이 발발하기 전에는 디트리히 본회퍼와 마르틴 니묄러(Martin Niemöller) 등의 설교자가 히틀러의 집권에도 불구하고 큰 용기를 내어 설교와 설교자들을 준비시켰습니다. 본회퍼는 그 박해의 상황에서 설교의 중요성을 역설했습니다. 스위스의 설교자 월터 뤼티(Walter Lüthi)도 마찬가지입니다. 뤼티는 제2차 스위스 신앙고백(the Second Helvetic Confession)의 표현을 빌리면 "하나님의 말씀을 설교한 것은 하나님의 말씀"임을 확신했고, "성경을 한 권씩 차례로 연구하는 과업에 착수하여 그 거룩한 계시가 그의 시대와 장소에서 의미하는 바를 찾고자 하였[습니다.]"[115] 설교에 관한 소론에서 뤼터는 설교 행위는 "누구도 진정한 능력을 소유할 수 없는 것 중 하나다. 설교자가 이 능력을 가졌다고 생각하는 바로 그 순간 그의 설교는 기술이 되고 은혜는 애통하면서 물러난다"라고 썼습니다.[116]

제2차 세계대전이 유럽의 세속화를 가속화했으나 설교의 불을 끄지는 않았습니다. 스코틀랜드의 위대한 학자이자 설교자인 제임스 스튜어트(1896-1990)는 『하나님의 전령들』 서문에서 여전히 다음과 같이 쓸 수 있었습니다.

> 나는 한 가지 근본적 사실을 강조하고자 이 책의 제목을 선택했다. 설교는 관점과 견해와 이상을 선전하기 위해서가 아니라 하나님의 위대한 행위를 선포하기 위해서 존재한다는 사실이다. 신약성경은 설교자의 직무를 명백히 이렇게 이해한다. 바로 이 점이 기독교 예배의 중심에, 그 기초와 본질이 되는 위치에 언제나 설교가 자리하도록 한다.[117]

스튜어트는 이 비전에 충실했습니다. 뒷날 그의 학생 중 한 명은 다음과 같이 적었습니다.

> 그분은 성경에 대단히 충실한 설교자였다. 스튜어트 교수님은 성경 구절을 아주 간명하게 들리도록 설명하시곤 했다. 그분이 성경을 기발하게 해

석하신다거나 엄청난 기교를 지니셨다는 생각은 해 본 적이 없다. 일단 그분이 본문 설명을 마치고 나면 언제나 아주 분명했다.…스튜어트 교수 님은 참 좋은 분이었고, 나는 그분이 하시는 말씀을 하나님의 말씀으로 받지 않을 수 없었다.[118]

20세기 후반에는 설교의 물결이 가라앉았습니다. 그러나 많은 교회가 계속해서 설교의 회복을 촉구하는 목소리를 냈습니다. 제2차 바티칸공의회에서 발표한 「사제의 직무와 생활에 관한 교령」은 로마 가톨릭 교회 성직자에게 복음을 설교하도록 요청합니다.

사제는 모든 이에게 하느님의 복음을 선포하는 것이 주된 의무다.…[사제는] 모든 사람이 회심과 거룩의 자리로 나오도록 긴급히 요청[해야 한다.]…설교는 하느님의 말씀을 일반적이고 개념적인 방식으로 제시할 뿐 아니라 복음의 영속하는 진리를 삶의 구체적인 상황에 적용해야 한다.[119]

1974년부터 1980년까지 캔터베리 대주교였던 도널드 코건(Donald Coggan)은 훌륭한 설교자였을 뿐 아니라 영국에 설교자 학교(College of Preachers)를 설립했습니다. 또한 개혁주의 전통에 속한 많은 이는 1938년부터 1968년까지 런던의 웨스트민스터 채플에서 사역한 마틴 로이드 존스에게 영감을 받았습니다. 의학을 공부하고 일찍이 의

사로 일한 경험, 성경의 권위와 성경의 그리스도에 대한 흔들리지 않는 충성, 날카롭게 분석하는 지성, 인간의 마음을 꿰뚫는 통찰, 웨일스인 특유의 뜨거운 열정이 더해져 로이드 존스는 1950년대와 1960년대 영국에서 가장 영향력 있는 설교자가 되었습니다. 그는 『설교와 설교자』에서 이렇게 선언합니다.

> 제게 설교 사역은 사람이 받을 수 있는 소명 가운데 가장 고귀하고, 가장 위대하며, 가장 영광스러운 소명…입니다.…오늘날 기독교회에 가장 긴급히 필요한 것은 참된 설교입니다.…설교와 같은 것은 없습니다. 설교는 세상에서 가장 위대하고, 가장 황홀하며, 가장 설레고, 가장 보람되며, 가장 경이로운 일입니다.[120]

설교에 대한 이 간략한 역사적 개관은 완벽과는 거리가 멉니다. 서구 문헌에 기록된 저자들의 설교관만 다루었기 때문입니다. 이들만 훌륭한 설교자였던 것은 결코 아닙니다. 하나님은 충실한 교사와 설교자를 여러 지역에 세우셨습니다. 다만 여기에서 보여 주는 것은 설교에 커다란 중요성을 부여하는 기독교 전통의 깊이와 넓이입니다. 기독교는 수 세기 동안 설교의 본질적 중요성에 대해 의견이 같았습니다. 이 증언을 가볍게 넘겨서는 안 됩니다.

부록 2. 맥체인 성경 읽기표

1월 January

1	창1	마1	스1	행1
2	창2	마2	스2	행2
3	창3	마3	스3	행3
4	창4	마4	스4	행4
5	창5	마5	스5	행5
6	창6	마6	스6	행6
7	창7	마7	스7	행7
8	창8	마8	스8	행8
9	창9,10	마9	스9	행9
10	창11	마10	스10	행10
11	창12	마11	느1	행11
12	창13	마12	느2	행12
13	창14	마13	느3	행13
14	창15	마14	느4	행14
15	창16	마15	느5	행15
16	창17	마16	느6	행16
17	창18	마17	느7	행17
18	창19	마18	느8	행18
19	창20	마19	느9	행19
20	창21	마20	느10	행20
21	창22	마21	느11	행21
22	창23	마22	느12	행22
23	창24	마23	느13	행23
24	창25	마24	에1	행24
25	창26	마25	에2	행25
26	창27	마26	에3	행26
27	창28	마27	에4	행27
28	창29	마28	에5	행28
29	창30	막1	에6	롬1
30	창31	막2	에7	롬2
31	창32	막3	에8	롬3

2월 February

1	창33	막4	에9,10	롬4
2	창34	막5	욥1	롬5
3	창35,36	막6	욥2	롬6
4	창37	막7	욥3	롬7
5	창38	막8	욥4	롬8
6	창39	막9	욥5	롬9
7	창40	막10	욥6	롬10
8	창41	막11	욥7	롬11
9	창42	막12	욥8	롬12
10	창43	막13	욥9	롬13
11	창44	막14	욥10	롬14
12	창45	막15	욥11	롬15
13	창46	막16	욥12	롬16
14	창47	눅1:1-38	욥13	고전1
15	창48	눅1:39-80	욥14	고전2
16	창49	눅2	욥15	고전3
17	창50	눅3	욥16,17	고전4
18	출1	눅4	욥18	고전5
19	출2	눅5	욥19	고전6
20	출3	눅6	욥20	고전7
21	출4	눅7	욥21	고전8
22	출5	눅8	욥22	고전9
23	출6	눅9	욥23	고전10
24	출7	눅10	욥24	고전11
25	출8	눅11	욥25,26	고전12
26	출9	눅12	욥27	고전13
27	출10	눅13	욥28	고전14
28	출11,12:1-20	눅14	욥29	고전15

3월 March

1	출12:21-51	눅15	욥30	고전16
2	출13	눅16	욥31	고후1
3	출14	눅17	욥32	고후2
4	출15	눅18	욥33	고후3
5	출16	눅19	욥34	고후4
6	출17	눅20	욥35	고후5
7	출18	눅21	욥36	고후6
8	출19	눅22	욥37	고후7
9	출20	눅23	욥38	고후8
10	출21	눅24	욥39	고후9
11	출22	요1	욥40	고후10
12	출23	요2	욥41	고후11
13	출24	요3	욥42	고후12
14	출25	요4	잠1	고후13
15	출26	요5	잠2	갈1
16	출27	요6	잠3	갈2
17	출28	요7	잠4	갈3
18	출29	요8	잠5	갈4
19	출30	요9	잠6	갈5
20	출31	요10	잠7	갈6
21	출32	요11	잠8	엡1
22	출33	요12	잠9	엡2
23	출34	요13	잠10	엡3
24	출35	요14	잠11	엡4
25	출36	요15	잠12	엡5
26	출37	요16	잠13	엡6
27	출38	요17	잠14	빌1
28	출39	요18	잠15	빌2
29	출40	요19	잠16	빌3
30	레1	요20	잠17	빌4
31	레2,3	요21	잠18	골1

4월 April

1	레4	시1,2	잠19	골2
2	레5	시3,4	잠20	골3
3	레6	시5,6	잠21	골4
4	레7	시7,8	잠22	살전1
5	레8	시9	잠23	살전2
6	레9	시10	잠24	살전3
7	레10	시11,12	잠25	살전4
8	레11,12	시13,14	잠26	살전5
9	레13	시15,16	잠27	살후1
10	레14	시17	잠28	살후2
11	레15	시18	잠29	살후3
12	레16	시19	잠30	딤전1
13	레17	시20,21	잠31	딤전2
14	레18	시22	전1	딤전3
15	레19	시23,24	전2	딤전4
16	레20	시25	전3	딤전5
17	레21	시26,27	전4	딤전6
18	레22	시28,29	전5	딤후1
19	레23	시30	전6	딤후2
20	레24	시31	전7	딤후3
21	레25	시32	전8	딤후4
22	레26	시33	전9	딛1
23	레27	시34	전10	딛2
24	민1	시35	전11	딛3
25	민2	시36	전12	몬1
26	민3	시37	아1	히1
27	민4	시38	아2	히2
28	민5	시39	아3	히3
29	민6	시40,41	아4	히4
30	민7	시42,43	아5	히5

5월 May

1	민8	시44	아6	히6
2	민9	시45	아7	히7
3	민10	시46,47	아8	히8
4	민11	시48	사1	히9
5	민12,13	시49	사2	히10
6	민14	시50	사3,4	히11
7	민15	시51	사5	히12
8	민16	시52-54	사6	히13
9	민17,18	시55	사7	약1
10	민19	시56,57	사8,9:1-7	약2
11	민20	시58,59	사9:8-10:4	약3
12	민21	시60,61	사10:5-34	약4
13	민22	시62,63	사11,12	약5
14	민23	시64,65	사13	벧전1
15	민24	시66,67	사14	벧전2
16	민25	시68	사15	벧전3
17	민26	시69	사16	벧전4
18	민27	시70,71	사17,18	벧전5
19	민28	시72	사19,20	벧후1
20	민29	시73	사21	벧후2
21	민30	시74	사22	벧후3
22	민31	시75,76	사23	요일1
23	민32	시77	사24	요일2
24	민33	시78:1-39	사25	요일3
25	민34	시78:40-72	사26	요일4
26	민35	시79	사27	요일5
27	민36	시80	사28	요이1
28	신1	시81,82	사29	요삼1
29	신2	시83,84	사30	유1
30	신3	시85	사31	계1
31	신4	시86,87	사32	계2

6월 June

1	신5	시88	사33	계3
2	신6	시89	사34	계4
3	신7	시90	사35	계5
4	신8	시91	사36	계6
5	신9	시92,93	사37	계7
6	신10	시94	사38	계8
7	신11	시95,96	사39	계9
8	신12	시97,98	사40	계10
9	신13,14	시99-101	사41	계11
10	신15	시102	사42	계12
11	신16	시103	사43	계13
12	신17	시104	사44	계14
13	신18	시105	사45	계15
14	신19	시106	사46	계16
15	신20	시107	사47	계17
16	신21	시108,109	사48	계18
17	신22	시110,111	사49	계19
18	신23	시112,113	사50	계20
19	신24	시114,115	사51	계21
20	신25	시116	사52	계22
21	신26	시117,118	사53	마1
22	신27,28:1-19	시119:1-24	사54	마2
23	신28:20-68	시119:25-48	사55	마3
24	신29	시119:49-72	사56	마4
25	신30	시119:73-96	사57	마5
26	신31	시119:97-120	사58	마6
27	신32	시119:121-144	사59	마7
28	신33,34	시119:145-176	사60	마8
29	수1	시120-122	사61	마9
30	수2	시123-125	사62	마10

부록 2. 맥체인 성경 읽기표

7월 July

1	수3	시126-128	사63	마11
2	수4	시129-131	사64	마12
3	수5	시132-134	사65	마13
4	수6	시135,136	사66	마14
5	수7	시137,138	렘1	마15
6	수8	시139	렘2	마16
7	수9	시140,141	렘3	마17
8	수10	시142,143	렘4	마18
9	수11	시144	렘5	마19
10	수12,13	시145	렘6	마20
11	수14,15	시146,147	렘7	마21
12	수16,17	시148	렘8	마22
13	수18,19	시149,150	렘9	마23
14	수20,21	행1	렘10	마24
15	수22	행2	렘11	마25
16	수23	행3	렘12	마26
17	수24	행4	렘13	마27
18	삿1	행5	렘14	마28
19	삿2	행6	렘15	막1
20	삿3	행7	렘16	막2
21	삿4	행8	렘17	막3
22	삿5	행9	렘18	막4
23	삿6	행10	렘19	막5
24	삿7	행11	렘20	막6
25	삿8	행12	렘21	막7
26	삿9	행13	렘22	막8
27	삿10	행14	렘23	막9
28	삿11	행15	렘24	막10
29	삿12	행16	렘25	막11
30	삿13	행17	렘26	막12
31	삿14	행18	렘27	막13

8월 August

1	삿15	행19	렘28	막14
2	삿16	행20	렘29	막15
3	삿17	행21	렘30,31	막16
4	삿18	행22	렘32	시1,2
5	삿19	행23	렘33	시3,4
6	삿20	행24	렘34	시5,6
7	삿21	행25	렘35	시7,8
8	룻1	행26	렘36,37	시9
9	룻2	행27	렘38	시10
10	룻3,4	행28	렘39	시11,12
11	삼상1	롬1	렘40	시13,14
12	삼상2	롬2	렘41	시15,16
13	삼상3	롬3	렘42	시17
14	삼상4	롬4	렘43	시18
15	삼상5,6	롬5	렘44	시19
16	삼상7,8	롬6	렘45	시20,21
17	삼상9	롬7	렘46	시22
18	삼상10	롬8	렘47	시23,24
19	삼상11	롬9	렘48	시25
20	삼상12	롬10	렘49	시26,27
21	삼상13	롬11	렘50	시28,29
22	삼상14	롬12	렘51	시30
23	삼상15	롬13	렘52	시31
24	삼상16	롬14	애1	시32
25	삼상17	롬15	애2	시33
26	삼상18	롬16	애3	시34
27	삼상19	고전1	애4	시35
28	삼상20	고전2	애5	시36
29	삼상21,22	고전3	겔1	시37
30	삼상23	고전4	겔2	시38
31	삼상24	고전5	겔3	시39

9월 September

1	삼상25	고전6	겔4	시40,41
2	삼상26	고전7	겔5	시42,43
3	삼상27	고전8	겔6	시44
4	삼상28	고전9	겔7	시45
5	삼상29,30	고전10	겔8	시46,47
6	삼상31	고전11	겔9	시48
7	삼하1	고전12	겔10	시49
8	삼하2	고전13	겔11	시50
9	삼하3	고전14	겔12	시51
10	삼하4,5	고전15	겔13	시52-54
11	삼하6	고전16	겔14	시55
12	삼하7	고후1	겔15	시56,57
13	삼하8,9	고후2	겔16	시58,59
14	삼하10	고후3	겔17	시60,61
15	삼하11	고후4	겔18	시62,63
16	삼하12	고후5	겔19	시64,65
17	삼하13	고후6	겔20	시66,67
18	삼하14	고후7	겔21	시68
19	삼하15	고후8	겔22	시69
20	삼하16	고후9	겔23	시70,71
21	삼하17	고후10	겔24	시72
22	삼하18	고후11	겔25	시73
23	삼하19	고후12	겔26	시74
24	삼하20	고후13	겔27	시75,76
25	삼하21	갈1	겔28	시77
26	삼하22	갈2	겔29	시78:1-39
27	삼하23	갈3	겔30	시78:40-72
28	삼하24	갈4	겔31	시79
29	왕상1	갈5	겔32	시80
30	왕상2	갈6	겔33	시81,82

10월 October

1	왕상3 | 엡1 | 겔34 | 시83,84
2	왕상4,5 | 엡2 | 겔35 | 시85
3	왕상6 | 엡3 | 겔36 | 시86
4	왕상7 | 엡4 | 겔37 | 시87,88
5	왕상8 | 엡5 | 겔38 | 시89
6	왕상9 | 엡6 | 겔39 | 시90
7	왕상10 | 빌1 | 겔40 | 시91
8	왕상11 | 빌2 | 겔41 | 시92,93
9	왕상12 | 빌3 | 겔42 | 시94
10	왕상13 | 빌4 | 겔43 | 시95,96
11	왕상14 | 골1 | 겔44 | 시97,98
12	왕상15 | 골2 | 겔45 | 시99-101
13	왕상16 | 골3 | 겔46 | 시102
14	왕상17 | 골4 | 겔47 | 시103
15	왕상18 | 살전1 | 겔48 | 시104
16	왕상19 | 살전2 | 단1 | 시105
17	왕상20 | 살전3 | 단2 | 시106
18	왕상21 | 살전4 | 단3 | 시107
19	왕상22 | 살전5 | 단4 | 시108,109
20	왕하1 | 살후1 | 단5 | 시110,111
21	왕하2 | 살후2 | 단6 | 시112,113
22	왕하3 | 살후3 | 단7 | 시114,115
23	왕하4 | 딤전1 | 단8 | 시116
24	왕하5 | 딤전2 | 단9 | 시117,118
25	왕하6 | 딤전3 | 단10 | 시119:1-24
26	왕하7 | 딤전4 | 단11 | 시119:25-48
27	왕하8 | 딤전5 | 단12 | 시119:49-72
28	왕하9 | 딤전6 | 호1 | 시119:73-96
29	왕하10 | 딤후1 | 호2 | 시119:97-120
30	왕하11,12 | 딤후2 | 호3,4 | 시119:121-144
31	왕하13 | 딤후3 | 호5,6 | 시119:145-176

11월 November

1	왕하14 | 딤후4 | 호7 | 시120-122
2	왕하15 | 딛1 | 호8 | 시123-125
3	왕하16 | 딛2 | 호9 | 시126-128
4	왕하17 | 딛3 | 호10 | 시129-131
5	왕하18 | 몬1 | 호11 | 시132-134
6	왕하19 | 히1 | 호12 | 시135,136
7	왕하20 | 히2 | 호13 | 시137,138
8	왕하21 | 히3 | 호14 | 시139
9	왕하22 | 히4 | 욜1 | 시140,141
10	왕하23 | 히5 | 욜2 | 시142,143
11	왕하24 | 히6 | 욜3 | 시144
12	왕하25 | 히7 | 암1 | 시145
13	대상1,2 | 히8 | 암2 | 시146,147
14	대상3,4 | 히9 | 암3 | 시148
15	대상5,6 | 히10 | 암4 | 시149,150
16	대상7,8 | 히11 | 암5 | 눅1:1-38
17	대상9,10 | 히12 | 암6 | 눅1:39-80
18	대상11,12 | 히13 | 암7 | 눅2
19	대상13,14 | 약1 | 암8 | 눅3
20	대상15 | 약2 | 암9 | 눅4
21	대상16 | 약3 | 옵1 | 눅5
22	대상17 | 약4 | 욘1 | 눅6
23	대상18 | 약5 | 욘2 | 눅7
24	대상19,20 | 벧전1 | 욘3 | 눅8
25	대상21 | 벧전2 | 욘4 | 눅9
26	대상22 | 벧전3 | 미1 | 눅10
27	대상23 | 벧전4 | 미2 | 눅11
28	대상24,25 | 벧전5 | 미3 | 눅12
29	대상26,27 | 벧후1 | 미4 | 눅13
30	대상28 | 벧후2 | 미5 | 눅14

12월 December

1	대상29 | 벧후3 | 미6 | 눅15
2	대하1 | 요일1 | 미7 | 눅16
3	대하2 | 요일2 | 나1 | 눅17
4	대하3,4 | 요일3 | 나2 | 눅18
5	대하5,6:1-11 | 요일4 | 나3 | 눅19
6	대하6:12-42 | 요일5 | 합1 | 눅20
7	대하7 | 요이1 | 합2 | 눅21
8	대하8 | 요삼1 | 합3 | 눅22
9	대하9 | 유1 | 습1 | 눅23
10	대하10 | 계1 | 습2 | 눅24
11	대하11,12 | 계2 | 습3 | 요1
12	대하13 | 계3 | 학1 | 요2
13	대하14,15 | 계4 | 학2 | 요3
14	대하16 | 계5 | 슥1 | 요4
15	대하17 | 계6 | 슥2 | 요5
16	대하18 | 계7 | 슥3 | 요6
17	대하19,20 | 계8 | 슥4 | 요7
18	대하21 | 계9 | 슥5 | 요8
19	대하22,23 | 계10 | 슥6 | 요9
20	대하24 | 계11 | 슥7 | 요10
21	대하25 | 계12 | 슥8 | 요11
22	대하26 | 계13 | 슥9 | 요12
23	대하27,28 | 계14 | 슥10 | 요13
24	대하29 | 계15 | 슥11 | 요14
25	대하30 | 계16 | 슥12,13:1-1 | 요15
26	대하31 | 계17 | 슥13:2-8 | 요16
27	대하32 | 계18 | 슥14 | 요17
28	대하33 | 계19 | 말1 | 요18
29	대하34 | 계20 | 말2 | 요19
30	대하35 | 계21 | 말3 | 요20
31	대하36 | 계22 | 말4 | 요21

주

1. Thomas G. Long, "No News is Bad News" in Mike Graves, ed., *What's the Matter with Preaching Today?* (Louisville: Westminster John Knox, 2004), pp. 146-147.
2. C. E. B. Cranfield, *The First Epistle of Peter* (London: SCM, 1950), p. 32.
3. M. A. C. Warren, *Crowded Canvas* (London: Hodder & Stoughton, 1974), p. 143.
4. Article 20 of the Thirty-Nine Articles of the Church of England.
5. Leland Ryken, "The Bible as Literature and Expository Preaching" in Leland Ryken and Todd Wilson, eds., *Preach the Word: Essays on Expository Preaching in Honor of R. Kent Hughes* (Wheaton: Crossway, 2007), p. 50.
6. 같은 책, p. 44.
7. Alexander Solzhenitsyn, *One Word of Truth*, the 1970 Nobel Speech on Literature (Bodley Head, 1972; Farrer, Strauss & Giroux, 1970), p. 22.
8. P. T. Forsyth, *Positive Preaching and the Modern Mind* (1907; repr. Whitefish, Mont: Kessinger, 2003), p. 3.
9. C. H. Spurgeon, *All-Round Ministry* (1900; Edinburgh: Banner of Truth, 1960), p. 187. 『스펄전 목회론』(크리스천다이제스트).
10. D. Martyn Lloyd-Jones, *Preaching and Preachers* (Hodder & Stoughton, 1971), p. 24. 『설교와 설교자』(복있는사람).
11. Philip Graham Ryken, *City on a Hill: Reclaiming the Biblical Pattern for the Church in the 21st Century* (Chicago: Moody, 2003), pp. 48-49.
12. David A. Hubbard, "Some Musings on the Preacher's Task." Michael P. Halcomb가 "The Use of Metaphor in Preaching" (Bethel Theological Seminary에 제출한 목회학 박사 논문, 1982)에 인용한 미출간 논문, p. 119.
13. Jean Cadier, *The Man God Mastered: A Brief Biography of John Calvin* (trans. O. R. Johnston; Inter-Varsity Fellowship, 1960), pp 173-175. 『칼빈, 하나님이 길들인 사람』(대한기독교서회).
14. John Bright, *The Authority of the Old Testament* (Grand Rapids: Baker, 1975), pp. 168-169. 『구약 성서의 권위』(컨콜디아사).

15. Bauer, Arndt and Gingrich, *A Greek-English Lexicon of the New Testament and Other Early Christian Literature*에서 고쳐서 인용. 잠 3:6과 11:5에서도 같은 동사가 사용되었다.
16. Charles Silvester Horne, *The Romance of Preaching*, the 1914 Yale Lectures (New York: Fleming H. Revell, 1914), pp. 135, 144-145.
17. S. E. Dwight, *The Works of President Edwards* (New York: Carvill, 1830), 1:606.
18. Arthur Michael Ramsey and Leon-Joseph Suenens, *The Future of the Christian Church* (London: SCM, 1971), pp. 13-14. 참고. C. H. Spurgeon's tract, "The Bible and the Newspaper", *Lectures to My Students*. Third Series. (London: Passmore and Alabaster, 1894; repr. Grand Rapids: Zondervan, 1980). p. 54. 『목회자 후보생들에게』(크리스천다이제스트).
19. Ian Pitt-Watson, *A Kind of Folly: Towards a Practical Theology of Preaching*, The 1972-1975 Warrack Lectures (Edinburgh: St Andrew Press, 1976), p. 57.
20. S. C. Neill, *On the Ministry* (London: SCM, 1952), p. 74.
21. 이 주제에 관한 논의는 John Stott, *Major Issues for a New Century: Vol. 1: Human Rights and Human Wrongs; Vol. 2: Our Social and Sexual Revolution* (Grand Rapids: Baker, 1999)을 보라. 『현대 사회 문제와 그리스도인의 책임』(IVP).
22. Spurgeon, *All-Round Ministry*, p. 236.
23. Phillips Brooks, *The Joy of Preaching* (1877, with the title *Lectures on Preaching*; repr. Grand Rapids, Kregel, 1989), pp. 159-160. 『필립스 브룩스 설교론』(크리스천다이제스트).
24. D. A. Carson이 쓴 두 권의 안내서는 성경 여러 장의 중요한 가르침을 강조함으로써 독자에게 많은 도움을 준다. *For the Love of God: A Daily Companion for Discovering the Riches of God's Word* (2 vols.; Wheaton: Crossway, 2006).
25. *The Willowbank Report on Gospel and Culture* (Lausanne Occasional Paper No. 2, 1978), p. 11. 이 보고서는 www.lausanne.org/all-documents/lop-2.html에서 읽을 수 있다. 『복음과 문화』(IVP).
26. 이 말은 1620년 메이플라워호를 타고 미국으로 건너간 필그림파더스가 네덜란드에서 다닌 교회의 목회자 John Robinson이 한 것으로 알려진다.
27. 주석서를 선택할 때 도움을 주는 책으로 Tremper Longman, III, *Old Testament Commentary Survey*, 4th ed.와 D. A. Carson, *New Testament Commentary Survey*, 6th ed.가 있다. 두 책 모두 2007년 Baker가 출간하였다.

28. Tokunboh Adeyemo(ed.), *Africa Bible Commentary* (Nairobi: WordAlive / Grand Rapids, Zondervan, 2006).
29. Michael Hennell, *John Venn and the Clapham Sect* (Lutherworth, 1958), p. 84. 1955년 랭햄 플레이스의 올 소울즈 교회는 "상호 간의 종교적 교류와…영적 진리의 탐구"에 대한 우리 세대의 필요를 인식하고 이 모임을 다시 세우고자 스물두 명의 젊은 복음주의 목회자에게 초청장을 보냈다. 1966년까지 이 단체는 모임 17개, 회원 천 명 이상의 규모로 성장했다.
30. Warren Wiersbe, *Walking with the Giants: A Minister's Guide to Good Reading and Great Preaching* (Grand Rapids: Baker, 1976), p. 56. 『위대한 발자취를 남긴 사람들』(엠마오서적).
31. 같은 책, p. 133.
32. Lloyd-Jones, *Preaching and Preachers*, p. 173.
33. James S. Stewart, *Heralds of God* (London: Hodder & Stoughton, 1946), p. 111.
34. James Stalker, *The Preacher and his Models*, the 1891 Yale Lectures on Preaching (London: Hodder & Stoughton, 1891), p. 166.
35. Mary Bosanquet, *The Life and Death of Dietrich Bonhoeffer* (London: Hodder & Stoughton, 1968), p. 110.
36. E. D. Hirsch, *Validity in Interpretation* (New Haven: Yale University Press, 1967), p. 1.
37. Pitt-Watson, *A Kind of Folly*, p. 65.
38. Hugh Evan Hopkins, *Charles Simeon of Cambridge* (London: Hodder & Stoughton, 1977), p. 59.
39. Charles Smyth, *The Art of Preaching: A Practical Survey of Preaching in the Church of England* (London: SPCK, 1940), p. 177.
40. W. Robertson Nicoll, *Princes of the Church* (London: Hodder & Stoughton, 1921), pp. 245, 249.
41. Spurgeon, *Lectures to My Students*, First Series, pp. 88-89.
42. W. H. Lewis, ed., *Letters of C. S. Lewis* (Geoffrey Bles, 1966), p. 271.
43. J. C. Ryle, *Light from Old Times* (London: Thynne & Jarvis, 1924), p. 408.
44. Henry Ward Beecher, *Lectures on Preaching: Personal Elements in Preaching*, the 1872 Yale Lectures (London: Nelson, 1872), pp. 127, 134.
45. Theodore Parker Ferris, *Go Tell the People*, the 1950 George Craig Stewart

Lectures on Preaching (New York: Scribner, 1951), p. 93.
46. Richard Bernard, *The Faithfull Shepherd* (London, 1607), pp. 11, 72. William Perkins가 쓴 *The Art of Prophecying* (London, 1631)의 7장 "Of the ways how to use and apply doctrines"도 참고하라. Perkins는 다양한 집단의 사람들과 각 집단에 메시지를 전하는 방법을 열거한다. 『설교의 기술과 목사의 소명』(부흥과개혁사).
47. Edwin Charles Dargan, *A History of Preaching* (London: Hodder & Stoughton, 1912), 2:314-315. 『설교의 역사』(솔로몬).
48. 이 설교는 Roger Simpson이 랭햄 플레이스의 올 소울즈 교회에서 전한 것이다.
49. Smyth, *The Art of Preaching*, p. 178.
50. Dwight, *The Works of President Edwards*, 1:605.
51. E. Clowes Chorley, *Men and Movements in the American Episcopal Church*, the Hale Lectures (New York: Scribner, 1946), pp. 34-35.
52. 1978년 9월 30일의 개인적 교류.
53. Richard Baxter, *The Reformed Pastor* (1656; London: Epworth, 1950), p. 158. 『참된 목자』(크리스천다이제스트).
54. Halford Edward Luccock, *In the Minister's Workshop* (New York: Abingdon-Cokesbury Press, 1944), p. 12.
55. Baxter, *The Reformed Pastor*, p. 162.
56. Spurgeon, *Lectures to My Students*, First Series, p. 4.
57. W. Haslam, *From Death into Life* (London: Marshall, Morgan & Scott, 1880), pp. 48-49.
58. J. H. Bavinck, *An Introduction to the Science of Missions* (Philadelphia: Presbyterian and Reformed, 1960), p. 93. 『선교학개론』(성광문화사).
59. James Black, *The Mystery of Preaching* (1924; rev. ed.; London: Marshall, Morgan & Scott, 1977).
60. Colin Morris, *The Word and the Words* (London: Epworth, 1975), pp. 34-35.
61. 이 두 친구 중 한 명은 후에 해머스미스에 있는 왕립의과대학원(Royal Post-graduate Medical School)의 바이러스학 교수가 된 Tony Waterson이다. Waterson은 당시를 회고하며 겸손하게도 자신의 평가는 "아마도 건방지고 미숙하며 신중하지 못"했고, 하나님이 메시지에 기름을 부으셨는지, 예수님이 높임을 받으셨는지, 청중이 은총을 받았는지 같은 정작 중요한 문제보다는 구조나 전달의 세부 사항에 관한 것이었다고 말한다. 하지만 나는 그가 내게 준 도움과 자극을 과소평가한다고 생각한다.

62. James W. Alexander, *Thoughts on Preaching* (1864; Edinburgh: Banner of Truth, 1975), p. 20.
63. John A. Broadus, *On the Preparation and Delivery of Sermons* (1870; rev. ed.; New York: Harper, 1944), p. 218.
64. David Smith의 요이 1:12 주석, *Expositor's Greek Testament*.
65. John C. Pollock, *George Whitefield and the Great Awakening* (London: Hodder & Stoughton, 1973), p. 263.
66. Spurgeon, *Lectures to My Students*, Second Series, p. 46.
67. Alexander, *Thoughts on Preaching*, p. 25.
68. G. C. Morgan, *Preaching* (1937; repr. Grand Rapids: Baker, 1974), pp. 14-15.
69. 같은 책, p. 36.
70. Lloyd-Jones, *Preaching and Preachers*, p. 97.
71. T. R. Glover, *The Jesus of History* (1917; Hodder & Stoughton, 1965), p. 44.
72. Elton Trueblood, *The Humour of Christ* (Harper & Row, 1964; Darton, Longman & Todd, 1965), pp. 49-53. 『그리스도의 유머』(기독교문서선교회).
73. Josephine Kamm, *Men Who Served Africa* (London: Harrap, 1957), p. 154.
74. Christopher Morley의 말. Luccock, *In the Minister's Workshop*, p. 192에 인용됨.
75. E. M. Bounds, *Power Through Prayer* (London: Marshall, Morgan & Scott, 1912), p. 11. 『기도의 능력』(생명의말씀사). 참고. Al Martin, *What's Wrong with Preaching Today?* (Edinburgh: Banner of Truth, 1968).
76. James Black, *The Mystery of Preaching*, p. 37.
77. George Buttrick, *Jesus Came Preaching: Christian Preaching in the New Age*, the 1931 Yale lectures (New York: Scribner, 1931), p. 133.
78. Dargan, *A History of Preaching*, 1:90.
79. Martin Luther, *Luther's Works* (Minneapolis: Fortress, 1965), 21:201-202.
80. Elizabeth Whitley, *Plain Mr Knox* (Scottish Reformation Society, 1960), pp. 199, 235.
81. Coretta Scott King, *My Life with Martin Luther King, Jr.* (New York: Holt, Rinehart, and Winston, 1969), p. 18.
82. Nicoll, *Princes of the Church*, p. 320.
83. Chad Walsh, *Campus Gods on Trial* (New York: Macmillan, 1962), p. 95.
84. John C. Pollock, *Amazing Grace* (London: Hodder & Stoughton, 1981), p. 155.

85. Forsyth, *Positive Preaching and the Modern Mind*, p. 5.
86. 같은 책, p. 19.
87. Beecher, *Popular Lectures*, p. 249. 단 4:28-37에 기록된 사건을 언급하면서 한 말.
88. Baxter, *The Reformed Pastor*, p. 95.
89. Ralph G. Turnbull, *A Minister's Obstacles* (1946; Grand Rapids: Baker, 1972), p. 41.
90. Donald G. Miller, *Fire in Thy Mouth* (Nashville: Abingdon, 1954), p. 18.
91. J. H. Jowett, *The Preacher: His Life and Work*, the 1912 Yale Lectures (New York: G. H. Doran, 1912), p. 24.
92. *Didache*, 11:1-2; 12:1-5(www.earlychristianwritings.com/text/didache-roberts.html).
93. *Didache*, 3:8; 4:1.
94. Justin Martyr, "Weekley Worship of the Christians" in *First Apology*, lxvii (www.earlychristianwritings.com/text/justinmartyr-firstapology.html).
95. Tertullian, *Apology*, xxxix(www.earlychristianwritings.com/text/tertullian01.html).
96. Philip Schaff(ed.), *The Nicene and Post-Nicene Fathers* (1892; Eerdmans, 1975), 9:22. (www.ccel.org/ccel/schaff/npnf109.iii.xiv.html). 『니케아 시대와 이후의 기독교』(크리스천다이제스트)
97. Clyde E. Fant and William M. Pinson, eds., *Twenty Centuries of Great Preaching* (Waco: Word, 1971), 1:108-109. 『세계 명설교 대전집』(성서연구사)
98. 같은 책, 1:174-175.
99. Smyth, *The Art of Preaching*, pp. 15-16.
100. "De Blasphemia contra Fratres", in Fant and Pinson, *Twenty Centuries of Great Preaching*, 1:234.
101. Erasmus, "On Preaching", in Roland H. Bainton, *Erasmus of Christendom* (London: Collins, 1970), p. 324. 『에라스무스』(현대지성사).
102. Martin Luther, "A Prelude on the Babylonian Captivity of the Church", in Ernest Gordon Rupp, *Luther's Progress to the Diet of Worms 1521* (London: SCM, 1951), pp. 85-86. 『말틴 루터의 종교개혁 3대 논문』(컨콜디아사).
103. 같은 책, "Of the Liberty of a Christian Man", p. 87.
104. Luther, "Treatise on Good Works", in Helmut T. Lehmann, *Luther's Works*,

44:58.

105. "Of Preachers and Preaching", in *Luther's Table-Talk*, 1566 (Captain Henry Bell, 1886), cccc. 『탁상 담화』(크리스천다이제스트).
106. Rupp, *Luther's Progress to the Diet of Worms 1521*, pp. 96-99.
107. Baxter, *The Reformed Pastor*, p. 75.
108. 같은 책, p. 81.
109. Cotton Mather, *Student and Preacher, or Directions for a Candidate of the Ministry* (1726; London: Hindmarsh, 1789), iii-v.
110. John Wesley, *Sermons on Several Occasions* (1746-1760; London: Epworth, 1944), vi.
111. John C. Pollock, *George Whitefield and the Great Awakening*, p. 248.
112. William Carus, ed., *Memoirs of the Rev. Charles Simeon* (London: Hatchard, 1847), p. 41.
113. Charles Simeon, *Let Wisdom Judge: University Addresses and Sermon Outlines* (ed. Arthur Pollard: London: Inter-Varsity Fellowship, 1959), pp. 188-189.
114. Herman Melville, *Moby Dick* (1851; Penguin, 1972), pp. 128-242. 『모비딕』(작가정신).
115. Hughes Oliphant Old, *The Reading and Preaching of the Scriptures in the Worship of the Christian Church* (Grand Rapids: Eerdmans, 1998-2007), 6:826-829.
116. 같은 책, 6:835.
117. James S. Stewart, "Heralds of God", the 1946 Warrack Lectures. Old, *Reading and Preaching*, 6:908에 기록된 내용.
118. 같은 책, 6:904.
119. Walter M. Abbott, ed., *The Documents of Vatican II* (London: Geoffrey Chapman, 1967), para. 23. 『제2차 바티칸 공의회 문헌』(한국천주교중앙협의회).
120. Lloyd-Jones, *Preaching and Preachers*, pp. 9, 297.

읽을거리

Adam, Peter, *Speaking God's Words: A Practical Theology of Expository Preaching* (Downers Grove: InterVarsity Press, 1996).

Green, Christopher and David Jackman(eds), *When God's Voice is Heard: The Power of Preaching* (Leicester: IVP, 2003).

Robinson, Haddon W., *Biblical Preaching*, 2nd ed. (Grand Rapids: Baker Academic, 2001). 『강해 설교』(기독교문서선교회).

Scharf, Greg, *Prepared to Preach: God's Work and Ours in Proclaiming His Word* (Fearn, Scotland: Christian Focus, 2005).

Wright, Christopher J. H. and Jonathan Lamb, *Understanding and Using the Bible* (London: SPCK, 2009). 『성경의 숲을 거닐다』(그루터기하우스).

워렌 위어스비, 데이비드 위어스비, 『설교의 정석』(*The Elements Of Preaching*, IVP).

존 스토트, 『설교자란 무엇인가』(*The Preacher's Portrait*, IVP).

옮긴이 박지우는 연세대학교에서 건축공학을, 한국외국어대학교 통번역대학원에서 번역을 공부하고, 현재 자유번역가로 활동 중이다. 역서로 『성경이란 무엇인가』 『과학과 성경의 대화』(IVP) 등이 있다.

존 스토트의 설교

초판 발행_ 2016년 12월 13일
초판 3쇄_ 2022년 11월 15일

지은이_ 존 스토트, 그레그 샤프
옮긴이_ 박지우
펴낸이_ 정모세

펴낸곳_ 한국기독학생회출판부
등록번호_ 제2001-000198호(1978.6.1)
주소_ 04031 서울시 마포구 동교로 156-10
대표 전화_ (02)337-2257 팩스_ (02)337-2258
영업 전화_ (02)338-2282 팩스_ 080-915-1515
홈페이지_ http://www.ivp.co.kr 이메일_ ivp@ivp.co.kr
ISBN 978-89-328-1723-1

ⓒ 한국기독학생회출판부 2016

책값은 뒤표지에 있습니다.
무단 전재와 복제를 금합니다.